Horst Dreier, Wolfgang Huber

Bioethik und Menschenwürde

Wolfgang Huber
18. II. 2003

Münstersche Theologische Vorträge

Band 4

LIT

Horst Dreier, Wolfgang Huber

Bioethik und Menschenwürde

Ethik & Gesellschaft
Vorträge des Instituts für Christliche Gesellschaftswissenschaften
herausgegeben von
Hans-Richard Reuter

LIT

Gedruckt auf alterungsbeständigem Werkdruckpapier entsprechend
ANSI Z3948 DIN ISO 9706

Die Deutsche Bibliothek – CIP-Einheitsaufnahme

Dreier, Horst; Huber, Wolfgang:
Bioethik und Menschenwürde : Ethik & Gesellschaft ; Vorträge des Instituts für
Christliche Gesellschaftswissenschaften ; herausgegeben von Hans-Richard Reuter /
Horst Dreier, Wolfgang Huber. – Münster : LIT, 2002
(Münstersche Theologische Vorträge ; 4)
ISBN 3-8258-6268-2

© LIT VERLAG Münster – Hamburg – London
Grevener Str. 179   48159 Münster   Tel. 0251–23 50 91   Fax 0251–23 19 72
e-Mail: lit@lit-verlag.de   http://www.lit-verlag.de

Inhaltsverzeichnis

Vorwort   7

Horst Dreier
Lebensschutz und Menschenwürde
in der bioethischen Diskussion   9

Wolfgang Huber
Das Ende der Person?
Zur Spannung zwischen Ethik und Gentechnologie   51

Autoren und Herausgeber   67

Vorwort

Die Entwicklung der modernen Biowissenschaften stellt Gesellschaft und Politik vor schwerwiegende Herausforderungen im Umgang mit der menschlichen Natur. Die modernen Gentechnologien erlauben es, bisher dem planenden Zugriff entzogene Lebensvorgänge bewusst herbeizuführen oder zu verändern. Der Verheißung, mittels der neuen Techniken bislang unheilbare Krankheiten therapieren und schweres Leid verhindern zu können, stehen Befürchtungen vor einer neuen Eugenik und der Verabschiedung des christlich-abendländischen Menschenbildes entgegen. Das Zentrum der ethischen und rechtlichen Diskussion markiert die Frage nach dem Lebensbeginn und dem moralischen Status des Embryos: Steht menschliches Leben von Anfang an unter dem absoluten Schutz der Menschenwürde? Oder ist es notwendig und legitim, von einem abgestuften Lebensrecht auszugehen?

Dazu nehmen in diesem Heft zwei Mitglieder des von der Bundesregierung berufenen Nationalen Ethikrates kontrovers Stellung. Der Verfassungsjurist und Rechtsphilosoph Horst Dreier (Universität Würzburg) konzentriert sich auf das Problem der verbrauchenden Forschung an „überzähligen" Embryonen. Er vertritt ein Konzept der abgestuften rechtlichen Schutzwürdigkeit im Sinn eines sukzessiv wachsenden Lebensrechts des Embryos, wie es auch im Abtreibungsrecht zum Ausdruck komme, und plädiert für eine Entkoppelung von Lebensschutz und Menschenwürdegarantie. Für den Theologen und Ethiker Wolfgang Huber (Bischof der Evangelischen Kirche in Berlin-Brandenburg) gehört zur Anerkennung der unantastbaren Menschenwürde auch der Respekt vor der Würde des ungeborenen menschlichen Lebens; die Schutzverpflichtung für menschliches Leben reiche so weit wie die Schutzmöglichkeiten; jede Stufenkonzeption der Würdezuschreibung und des Lebensschutzes, die nach dem Zeitpunkt der Verschmelzung von Ei- und Samenzelle einsetzt, laufe ein großes Willkürrisiko.

Die hier dokumentierte Kontroverse spiegelt weder *die* verfassungsrechtliche Lehrmeinung noch *die* Position protestantischer Ethik wieder – vielmehr laufen die Fronten der Debatte mitten durch die betreffenden Disziplinen hindurch –; sie wird jedoch im folgenden durch namhafte Vertreter des jeweiligen Faches repräsentiert. Beide Texte gehen auf Vorträge zurück, die in der Reihe *Ethik & Gesellschaft* des Instituts für Christliche

Gesellschaftswissenschaften (ICG) der Evangelisch-Theologischen Fakultät der Universität Münster im Wintersemester 2001/2, im Vorfeld der entscheidenden Debatte des Deutschen Bundestags am 30.1.2002 über die Einfuhr embryonaler Stammzellen gehalten wurden. Der Beitrag von Horst Dreier wurde für den Druck stark erweitert und bearbeitet. Der Text von Wolfgang Huber ist in Vortragsfassung belassen; er hat seine Position zur Bioethik-Debatte in größerem Zusammenhang dargelegt in seiner Schrift: Der gemachte Mensch. Christlicher Glaube und Biotechnik, Berlin 2002.

Die ICG-Vorträge unternehmen den Versuch, die Grenzen zwischen den Fakultäten sowie zwischen Universität und Öffentlichkeit zu überschreiten. Dabei ist die Mitträgerschaft und finanzielle Unterstützung seitens des Kirchenkreis Münster und des Evangelischen Forums Münster e.V. besonders wertvoll; Herrn Superintendent Dr. Dieter Beese und Herrn Prof. Günter Böhm danke ich dafür herzlich.

Münster, im Juli 2002　　　　　　　　　　　　　　　　Hans-Richard Reuter

Horst Dreier

Lebensschutz und Menschenwürde in der bioethischen Diskussion*

I. Die Heftigkeit der Debatte

Wohl kaum eine gesellschaftspolitische Debatte der letzten Jahrzehnte ist – abgesehen vielleicht von der bezeichnenden Ausnahme der Abtreibungsfrage – von einer derartigen Breite, Intensität und partiell verletzenden Schärfe gewesen wie die bioethische oder biopolitische Debatte unserer Tage[1]. Dass diese „mehr und mehr die Züge eines Glaubenskrieges" annimmt[2] oder dass sie „mit Begriffen eines geistigen Bürgerkrieges geführt wird"[3], gehört noch zu den eher sachlichen Formulierungen und der Feststellung von Tatsachen[4]. Es geschieht auch nicht alle Tage, dass ein ehemaliger Präsident der Deutschen Forschungsgemeinschaft (DFG) seinen Nachfolger wie seinen Vorgänger sowie die gesamte Organisation wegen ihrer forschungspolitischen Richtungsentscheidungen schilt und in diesem Zusammenhang von „Kulturkampf" spricht[5]. Im Falle einer ansonsten auch in

---

* Meiner wissenschaftlichen Mitarbeiterin, Frau Andrea Laube, danke ich herzlich für die wertvolle Hilfe bei der Sichtung und Auswertung des umfangreichen Materials.
[1] Spektrum der Positionen bei C. Geyer (Hrsg.), Biopolitik, 2001.
[2] *H. Schmoll*, Sackgassen der bioethischen Debatte, in: FAZ Nr. 182 v. 8.8.2001, S. 1.
[3] *P. Bahners*, Bürger Embryo, in: FAZ Nr. 150 v. 2.7.2001, S. 43 (auch in Geyer, Biopolitik [Fn. 1], S. 206 ff. [206]).
[4] Aber Bahners selbst greift zu reißerischen Formulierungen, wenn er z.B. schreibt (*P. Bahners*, Unsere kleine Farm, in: FAZ Nr. 185 v. 11.8.2001, S. 41): „Der Präsident der Vereinigten Staaten wird Forscher nicht finanzieren, die über Leben und Tod von Unschuldigen entscheiden wollen."
[5] *W. Frühwald*, Der „optimierte Mensch". Über Gentechnik, Forschungsfreiheit, Menschenbild und die Zukunft der Wissenschaft, in: Forschung & Lehre, Heft 8/2001, S. 402 ff.; dort S. 402 auch das Wort vom „Kulturkampf", allerdings schon im Original in Anführungszeichen. Ohne derartige Relativierungen aber *P. Bahners*, Was dann? Der Bundestag hat den Kulturkampf nur vertagt, in: FAZ Nr. 27 v. 1.2.2002, S. 45; *C. Schwägerl*, Flach 1 & 2, in: FAZ Nr. 91 v. 19.4.2002, S. 47: „Wissenschaftler, die ...

Stilfragen mit Führungsanspruch auftretenden deutschen Tageszeitung erlebt man in Ton und Ausdruck Ausfälligkeiten, die den Leser eher den Kopf schütteln lassen als ihn zu vertieftem Nachdenken anregen: so etwa, wenn dort verkündet wird, den Weg zur verbrauchenden Embryonenforschung zu beschreiten wäre „Barbaren vorbehalten"[6]. Amerikaner, Briten, Franzosen und Schweden werden sich über diese Aufklärung aus deutschem Munde[7] sicher sehr freuen!

In der Gegenrichtung werden Gegner neuer Forschungs- und Untersuchungsmethoden schon einmal als Ewiggestrige, als Forschungsfeinde oder schlicht als Fundamentalisten, wenn nicht gar als Heuchler gekennzeichnet[8].

Solche Heftigkeit der Argumente, die eben häufig keine sind, hat natürlich ihre Gründe bzw. ihre Ursachen. Sie liegen in der Besonderheit des Gegenstandes. Forschung an Embryonen, Präimplantationsdiagnostik, Genpatente, Gentherapie: dies alles betrifft nicht nur irgendeinen außer uns liegenden Gegenstand, sondern uns selbst. Denn wir haben es mit Formen menschlichen Lebens zu tun. Jeder von uns war einmal eine Zygote und hat sich über die Stufen der ersten Zellteilung bis zur Nidation und der Geburt bis zu seinem heutigen Stand fortentwickelt[9]. Die in der bioethischen De-

---

gierig den Einstieg in die unbegrenzte Embryonennutzung fordern ... Kulturkampf um das Abräumen jeglicher Tabus."

[6] *C. Schwägerl,* Pool für Embryonen, in: FAZ Nr. 198 v. 27.8.2001, S. 41.

[7] Spöttisch-kritisch *H. Markl,* Ein Mensch ist ein Mensch ist ein Schaf?, in: Universitas 2000, S. 995 ff. (1007 f.): USA „keineswegs ein ethisch-rechtliches Entwicklungsland oder gar Notstandsgebiet", England „kein moralisch degenerierter Unrechtsstaat, der von deutscher Moralaufsicht her Belehrung nötig hätte!"

[8] Siehe etwa *M. Ronellenfitsch,* Der Mensch als gentechnisch veränderter Organismus, in: Gesellschaft für Umweltrecht (Hrsg.), Umweltrecht im Wandel. Bilanz und Perspektiven aus Anlass des 25-jährigen Bestehens der Gesellschaft für Umweltrecht (GfU), 2001, S. 701 ff. (701 f.: Heuchler, Demagogen, Apokalypsenneurotiker). Ferner *E. Wiehr,* Unzeitgemäße Definition des Lebensbeginns (Leserbrief), in: FAZ Nr. 6 v. 8.1.2002, S. 8: „Züge von Wissenschaftsfeindlichkeit"; *C. B. Feldbaum,* Es wäre unmenschlich, das Wissen zu verbieten, in: FAZ Nr. 147 v. 28.6.2001, S. 47: „die gegen die Biotechnologie protestieren, tun das mit vollem Bauch".

[9] Freilich gilt nicht umgekehrt, dass sich auch jede befruchtete Zygote zu einem lebenden Organismus entwickelt; vielmehr nisten sich (bei natürlicher Befruchtung) nach verbreiteter Auffassung nur ungefähr ein Drittel der befruchteten Eizellen in der Gebärmutter ein, während der Rest unbemerkt abgeht; nach neuesten Erkenntnissen (vgl. *A. Feige/A. Rempen/W. Würfel/J. Jawny/H. Caffier,* Frauenheilkunde, 2. Aufl. 2001, S. 288) gelangen dagegen nur ca. 44% der befruchteten Eizellen nicht zur Nidation, aber weitere ca. 22% gehen vor dem klinischen Bekanntwerden der Schwangerschaft,

batte zur Verhandlung stehenden Probleme werfen mittelbar oder unmittelbar Fragen nach unserem Selbstverständnis, unserer Vorstellung vom Menschsein und vom Menschen auf, betreffen damit auch unser Bild von ihm[10] und zwingen zu einer Vergewisserung über unser Leben in einer hochgradig technisierten Zivilisation.

Hinzu tritt, dass hier stärker und unmittelbarer als bei anderen, ebenfalls heftig umstrittenen politischen Themen persönliche Betroffenheiten potentieller oder aktueller Art hineinspielen: denken wir an den Patienten, der auf Heilung aufgrund neuer biowissenschaftlicher Erkenntnisse und entsprechender medizinischer Therapien hofft; an die Eltern behinderter Kinder, die um deren Akzeptanz fürchten, sich aber vielleicht auch weiteren, nichtbehinderten Nachwuchs wünschen; denken wir an die ungewollt kinderlosen Paare, die oft schwer unter ihrer Situation leiden; denken wir an Forscher, die sich in Deutschland um die Möglichkeit bahnbrechender Erkenntnisse und an Mediziner, die sich infolgedessen um therapeutische Erfolge betrogen sehen; denken wir an Geistliche, die um den religiösen Respekt vor der Einzigartigkeit des Lebens, auch des frühen und des versehrten, fürchten.

Hinter all diesen partikularen persönlichen Betroffenheiten geht es ganz grundsätzlich um unsere Vorstellung vom Menschen und vom Menschsein, von Natürlichkeit und Künstlichkeit angesichts rasanter technologischer Veränderungen, im Zusammenhang damit auch um Reichweite und Grenzen menschlichen Forschergeistes, kurz: um Grundfragen der *conditio humana*[11]. Es steht eine Art von Selbstverständnis-Debatte an, und solche sind

---

also zumeist kurz nach der Nidation, ab. Die Erfolgsquoten bei künstlicher Befruchtung sind noch ungleich niedriger (bei der In-vitro-Fertilisation [IVF] nisten sich z. B. nur 20% der befruchteten Eizellen in der Gebärmutterschleimhaut ein, *T. W. Sadler*, Medizinische Embryologie, 9. Aufl. 1998, S. 35).

10 Was wiederum nicht heißt, dass aus selbstgezimmerten „Menschenbildern" konkrete und zwingende Antworten auf die hochkomplexen Fragen gefunden und diese wiederum ungeschmälert in für alle verbindliches staatliches Recht umgesetzt werden könnten.

11 Das erklärt die Fülle interdisziplinärer Publikationen, von denen nur die folgenden genannt seien: P. Strasser/E. Starz (Hrsg.), Personsein aus bioethischer Sicht (= ARSP-Beiheft Nr. 73), 1997; G. Rager (Hrsg.), Beginn, Personalität und Würde des Menschen, 1998; W. Kraus (Hrsg.), Bioethik und Menschenbild bei Juden und Christen, 1999; *G. Altner u. a.*, Menschenwürde und biotechnischer Fortschritt im Horizont theologischer und sozialethischer Erwägungen (= Evangelische Theologie, 61. Jg., Sonderheft), 2001; Zeitschrift für medizinische Ethik 47 (2001), Heft 3 (Thema: Stammzellen-

immer quälend: das weiß man aus Diskussionen in Wohngemeinschaften oder Fachbereichsräten wie überhaupt aus jeder Gremienarbeit, auch aus der von Ethikräten.

Dem Ernst der aufgeworfenen Fragen und dem redlichen Bemühen um angemessene Antworten tut es allerdings Abbruch, wenn man einander nicht mit Argumenten, sondern mit Schuldvorwürfen und vernichtenden Urteilen über die Position der jeweils anderen Seite begegnet. Ein gewisser Tiefpunkt schien erreicht, als ein katholischer Bischof in einer öffentlichen Stellungnahme den Vorwurf des „Kannibalismus" an die Befürworter verbrauchender Embryonenforschung richtete; oder auch, als ein deutscher Universitätsprofessor in einer nichtöffentlichen Diskussionsrunde bekannte, die Sache würde im engeren Familienkreis unter dem Stichwort „Mengele II" verhandelt. Wir sollten tunlichst vermeiden, in diesem hochsensiblen Feld der anderen Seite je nach eigener Positionierung Rückfall in die Barbarei des Nazi-Systems oder ins vermeintlich dunkle Mittelalter zu unterstellen, um hier religiöses Eifertertum und Rückständigkeit, dort amoralische Dammbrüche und rücksichtslose Durchsetzung ökonomischer Interessen zu beklagen[12]. Die Fragen sind zu ernst und zu komplex, als dass sie in ein Schwarz-Weiß-Raster von Dämonisierung oder Glorifizierung gepresst werden könnten.

II. Auf der Suche nach einem Minimalkonsens

Gerade weil die Debatte also hochkontrovers ist und hochemotionalisiert geführt wird, lohnt vielleicht am Anfang die Frage nach einem gleichwohl vorhandenen und alle Teilnehmer verbindenden Konsens, auch wenn dies nur ein eher vager und im Prinzipiellen liegender und daher letztlich wohl

---

forschung); Jahrbuch für Recht und Ethik, Bd. 9, 2001 (Themenschwerpunkt: Schwierige Fälle der Gen-Ethik).

[12] Richtig W. van den Daele, Zweierlei Moral. Forschung an embryonalen Stammzellen? Im Ethikbeirat der Gesundheitsministerin war kein Konsens in Sicht. Nun wird der Rat aufgelöst, in: Die Zeit 19/2001, S. 42: „Was der Ethikbeirat immerhin tun kann, ist, von allen Beteiligten zu fordern, dass sie den moralischen Kern des Konflikts ernst nehmen und anerkennen, dass hier tatsächlich Moral gegen Moral steht und nicht einfach Gute gegen Böse kämpfen. Die eigentliche Herausforderung für den Ethikbeirat (aber letztlich für den Gesetzgeber) besteht darin, Wege zu finden, wie man die Unversöhnlichkeiten abfängt, zu denen solche Konflikte tendieren."

nur eine Art Minimalkonsens sein kann. Für einen derartigen Konsens sehe ich vor allem deshalb einen Ansatzpunkt, weil in der gesellschaftlichen Diskussion eine weitgehende Einigkeit über die hohe Bedeutung der involvierten Rechtsgüter besteht – wenn auch nicht über deren Gewichtung und konkrete Reichweite. Hier rücken allerdings oft ausschließlich Fragen des Lebensrechtes und auch des Würdeschutzes des Embryos in den Vordergrund. Nicht weniger konsentiert und klar sollte aber sein, dass z.B. im Fall der Forschung an embryonalen Stammzellen das hohe Verfassungsgut der Wissenschafts- und Forschungsfreiheit berührt ist, dem in der grundgesetzlichen Ordnung (Art. 5 Abs. 3 GG) wie in jeder modernen Wissensgesellschaft eine besonders hohe Bedeutung zukommt. Das Bundesverfassungsgericht spricht der Wissenschaftsfreiheit eine „Schlüsselfunktion ... sowohl für die Selbstverwirklichung des Einzelnen als auch für die gesamtgesellschaftliche Entwicklung" zu[13]. Das Grundgesetz trägt dieser hohen Bedeutung dadurch Rechnung, dass die Freiheit der Forschung und Wissenschaft normtextlich vorbehaltlos garantiert ist. Es bedarf also aus der Verfassung selbst ableitbarer und damit höchstrangiger gegenläufiger Rechtsgüter für eine Beschränkung. Diese Anforderung gilt für jedwede wissenschaftliche Betätigung. Die Rechtfertigungslasten für einen staatlichen Eingriff erhöhen sich nochmals, wenn dieser sich auf wissenschaftliche Grundlagenforschung bezieht. Ohnehin sind kategorische Forschungs*verbote* als denkbar schwerster Eingriff von vornherein höchst problematisch[14]. Die Freiheit der Wissenschaft soll – insofern der freien Marktwirtschaft vergleichbar – gerade verhindern, dass es zur Erstarrung und zur Versteinerung von Problemlösungen kommt. Wir dürfen auch nicht vergessen, dass die Geschichte der Forschungsfreiheit im Grunde eine Geschichte von Grenzüberschreitungen und Tabubrüchen ist. Man bedenke nur, wie lange die Leichenobduktion als frevelhaft galt[15].

---

[13] BVerfGE 35, 79 (114).

[14] Deutlich und zutreffend *E. Schmidt-Aßmann,* Grundrechtspositionen und Legitimationsfragen im öffentlichen Gesundheitswesen, 2001, S. 52 ff.; desgleichen *J. Ipsen,* Der „verfassungsrechtliche Status" des Embryos in vitro, in: JZ 2001, S. 989 ff. (995 f.); siehe noch *M. Ronellenfitsch,* Zur Freiheit der biomedizinischen Forschung, in: Jahrbuch des Umwelt- und Technikrechts 2000, S. 91 ff.

[15] Freilich nicht so lange, wie in der öffentlichen Diskussion oft unterstellt wird. Nachdem im Römischen Reich die Sektion der Leichen von Bürgern verboten war, fand die Obduktion Eingang in eine zwischen 1238 und 1240 von Stauferkaiser Friedrich II. erlassene Medizinalverordnung, in der die Studenten verpflichtet wurden, Sektionen an menschlichen Leichnamen auszuführen. Diese Umkehr in der Einstellung zu Leichen-

Über ihren starken grundrechtlichen Schutz ist – dies der zweite mögliche Konsenspunkt – auch die Zielrichtung der entsprechenden Forschungen in den Blick zu nehmen. Es bildet einen selbständigen Gesichtspunkt und einen Umstand von eigener Bedeutung, dass beispielsweise die Forschung an embryonalen Stammzellen mit dem (Fern-)Ziel der Gewinnung neuer medizinischer Therapien und damit der Heilungsmöglichkeit für Schwer- und Schwerstkranke erfolgt[16]. Hier muss zwar völlig klar sein, dass umfassende Heils-, nein: Heilungserwartungen[17] völlig fehl am Platze sind. Auch erhält die Forschungsfreiheit ihr Gewicht nicht dadurch, dass aus ihr eine rasche und umfassende Nutzanwendung folgt, sondern trägt es in sich selbst; immer wieder gerade auch von politischer Seite ins Spiel gebrachte Vorstellungen einer „Bringschuld" der Wissenschaft sind schon deswegen völlig fehl am Platze. Sie verkennen im übrigen den für einen demokratischen Verfassungsstaat fundamentalen Tatbestand, dass nicht die Wahrnehmung grundrechtlicher Freiheiten begründungs- oder rechtfertigungsbedürftig ist, sondern der staatliche Eingriff in diese Freiheiten[18]. Dennoch bleiben medizinische Heilerfolge als Langfristperspektive wichtig für Motivation und Finalität des forschenden Handelns und seine Rechtfertigung,

---

öffnungen setzte sich zunächst in Oberitalien fort (die erste sicher belegte Leichenöffnung im Mittelalter fand 1286 in Cremona statt), um dann später auch in anderen europäischen Ländern Verbreitung zu finden (z. B. wurden in Prag um 1348 Sektionen eingeführt, in Wien fand die erste öffentliche Sektion 1404 statt). Die Zustimmung der Kirche zu Leichenöffnungen wurde 1482 in einem Breve Sixtus' IV. offiziell. Vgl. dazu *C. M. Brugger/H. Kühn*, Sektion der menschlichen Leiche, 1979, S. 53 ff., 59 ff.

[16] Zu einigen Perspektiven etwa *Markl*, Mensch (Fn. 7), S. 1003 ff.; *Feldbaum*, Wissen (Fn. 8), S. 48; *P. Gruss*, Vergeßt die Patienten nicht, in: FAZ Nr. 152 v. 4.7.2001, S. 47.

[17] In der öffentlichen Diskussion geht beides (Heilungserwartungen oder Heilserwartungen) bezeichnenderweise oft durcheinander bzw. wird als austauschbar behandelt (vgl. nur *G. P. Hefty*, Die im Dunkeln, in: FAZ Nr. 24 v. 29.1.2002, S. 1; Hinweis auf die Differenz aber bei *R. Anselm/J. Fischer/C. Frey/U. Körtner/H. Kress/T. Rendtorff/ D. Rössler/C. Schwarke/K. Tanner*, Pluralismus als Markenzeichen. Eine Stellungnahme evangelischer Ethiker zur Debatte um die Embryonenforschung, in: FAZ Nr. 19 v. 23.1.2001, S. 8). Möglicherweise ist dies ein Indiz dafür, dass für viele heutzutage das persönliche Heil in der Heilung ihrer Krankheiten liegen mag: Gesundheit als das letzte und höchste Ziel. Das ist gewiss kritikwürdig, zumal vom christlichen Standpunkt aus. Freilich lassen sich damit *staatliche* Eingriffe in Individualrechtsgüter oder gar die Versagung von Therapiemöglichkeiten durch *staatliche* Verbote nicht rechtfertigen.

[18] Carl Schmitt hat insofern von einem „rechtsstaatlichen Verteilungsprinzip" gesprochen. Siehe näher *H. Dreier*, in: ders. (Hrsg.), Grundgesetz-Kommentar, Bd. I, 1996, Vorb. Rn. 34; *B. Pieroth/B. Schlink*, Grundrechte. Staatsrecht II, 17. Aufl. 2001, Rn. 44.

sofern dieses mit anderen Rechtsgütern abzuwägen ist. Wenn Forschung letztlich auf Verbesserung medizinischer Therapien und Erhöhung von Heilungschancen zielt, dann trägt dies zudem der Schutzpflicht des Staates aus Art. 2 Abs. 2 Satz 1 GG Rechnung, weswegen dieser Artikel insofern *für* und nicht gegen die Forschung streitet[19].

Der dritte Konsenspunkt scheint mir der wichtigste. Er liegt darin, dass man menschliches Leben auch in seiner absoluten Frühform, also als Zygote im Vier- oder Achtzellstadium, nicht als eine beliebige Materie betrachtet, nicht als „Biomasse" ansieht oder wie einen ausbeutbaren Rohstoff behandelt. Es genießt vielmehr als Form menschlichen Lebens unsere besondere Wertschätzung; seine Nutzung zu wissenschaftlichen Zwecken verlangt gute Gründe. Nur so lässt sich im übrigen erklären, dass auch die Befürworter der Forschung an embryonalen Stammzellen für strikte Kontrollen und öffentliche Aufsicht plädieren, für beschränkten Zugang zu den Stammzellinien, für Herkunftsnachweise und anderes mehr[20]. Embryonale Stammzellen sind kein rein kommerzielles und ethisch irrelevantes Gut; die Arbeit mit und die Forschung an ihnen hat andere Bedeutung und wirft andere Probleme auf als die Forschung an anorganischer Materie oder an Formen nichtmenschlichen Lebens. Andererseits: Wenn embryonales Leben auch im Vier- oder Achtzellstadium in gleicher Weise und mit der gleichen Intensität geschützt sein sollte wie das geborener Menschen, dann gibt es zweifelsohne auch für noch so hochrangige Forschungsoptionen keinen verfassungsrechtlichen Rückhalt mehr[21]. Eben diese normative Gleichset-

---

[19] *Schmidt-Aßmann*, Grundrechtspositionen (Fn. 14), S. 55: „Art. 2 Abs. 2 GG ist keineswegs nur Grenze, sondern u. U. auch Stütze freier medizinischer Forschung. Er kann bei Abwägungsentscheidungen durchaus auch forschungs*fördernd* wirken." (Hervorhebung im Original, H.D.).

[20] Vgl. die Ende 2001 verabschiedete Stellungnahme des Nationalen Ethikrates „Zum Import menschlicher embryonaler Stammzellen" (Berlin 2002) und den Anforderungskatalog, der in den – einen Stammzellimport befürwortenden – Optionen A und B zur Voraussetzung gemacht wurde (S. 49 ff.).

[21] Denn klar ist und keiner Begründung bedarf, dass Heilungschancen von Patienten niemals die Opferung des Lebens *geborener* Menschen rechtfertigen können: *Anselm u. a.*, Pluralismus (Fn. 17), S. 8: „unstrittig ist, dass Menschen nicht für noch so hochrangige Forschungsziele getötet werden dürfen"; desgleichen *N. Hoerster*, Ethik des Embryonenschutzes, 2002, S. 30 ff.; *J. Isensee*, Der grundrechtliche Status des Embryos – Menschenwürde und Recht auf Leben als Determinanten der Gentechnik, in: O. Höffe u. a. (Hrsg.), Gentechnik und Menschenwürde. An den Grenzen von Ethik und Recht, 2002, S. 37 ff. (72). – Undeutlich allerdings *M. Kloepfer*, Humangentechnik als Verfassungsfrage, in: JZ 2002, S. 417 ff. (421 [re. Sp.]).

zung pränidativen und nachgeburtlichen Lebens ist aber die zentrale und umstrittene „Status"-Frage[22] – womit wir wieder beim Dissens wären.

III. Der Kern des Dissenses: Lebensbeginn, Lebensschutz, Status des Embryos

So kann der skizzierte Minimalkonsens nichts daran ändern, dass die Bewertung der derzeit diskutierten und über kurz oder lang zur Entscheidung anstehenden bioethischen Fragen im Kern kontrovers ist und es wohl auch bleiben wird. Der Streit um die richtige Position begegnet uns in Politik und Gesellschaft nicht anders als in Philosophie, Theologie und Jurisprudenz.

Die folgenden, vornehmlich verfassungsrechtlichen Darlegungen konzentrieren sich auf das besonders umstrittene Gebiet der „verbrauchenden" Embryonenforschung. Ausgeklammert bleiben Präimplantationsdiagnostik (PID), Genpatente, Gentherapien und andere Komplexe, die zwar in der Grundproblematik ähnlich gelagert sind, aber auch ihre spezifischen und zum Teil gravierenden Besonderheiten aufweisen.

Die Frage nach der Zulässigkeit „verbrauchender" Forschung an „überzähligen" Embryonen[23] führt uns in das Zentrum der Kontroversen, weil

---

[22] Es gehört zu den Defiziten der DFG-Stellungnahme vom 3. Mai 2001 (Empfehlungen der Deutschen Forschungsgemeinschaft zur Forschung mit menschlichen Stammzellen, Fundstelle im Internet: http://www.dfg.de/aktuell/stellungnahmen/lebenswissenschaften/empfehlungen_stammzellen_03_05_01.pdf), den zentralen Punkt des moralischen wie verfassungsrechtlichen Status des Embryos in vitro weitgehend ausgespart und in diffuser Weise von einem „Abwägungsprozeß" zwischen „verfassungsrechtlichem Lebensschutz des Embryos" und „verfassungsrechtlich geschützter Forschungsfreiheit" gesprochen zu haben (S. 4 der PDF-Datei). In den am gleichen Tag von der DFG veröffentlichten Hintergrundinformationen (Empfehlungen der Deutschen Forschungsgemeinschaft zur Forschung mit menschlichen Stammzellen. Naturwissenschaftlicher Hintergrund. Juristischer Hintergrund. Ethischer Hintergrund. Naturwissenschaftlich-medizinisches Glossar. Literaturverzeichnis, Fundstelle im Internet: http://www.dfg.de/aktuell/stellungnahmen/lebenswissenschaften/empfehlungen_stamm zellen_hintergrund_03_05_01.pdf) werden zwar die verschiedenen Ansichten über den moralischen Status des Embryos dargelegt, ohne aber zu diesen Stellung zu nehmen; vgl. S. 35 ff. der PDF-Datei.

hier fundamental unterschiedliche Ansichten über den Beginn des menschlichen Lebens, den Grad seiner Schutzwürdigkeit und damit letztlich über den rechtlichen und moralisch-ethischen Status des Embryos aufeinanderprallen. Insbesondere Kritiker und Gegner der Embryonenforschung und des Imports embryonaler Stammzellinien haben hierzu eine (zumindest auf den ersten Blick) stringente und in sich geschlossene Position parat, die sich auf drei zentrale Aussagen stützt[24]. Diese lauten:

(1) Grundrechtlich relevantes menschliches Leben beginne mit der Verschmelzung von Ei- und Samenzelle. Dieser Beginn markiere die entscheidende Schnittstelle. Alle anderen und späteren Zäsuren erwiesen sich als rein willkürlich.

(2) Mit dem so definierten Beginn menschlichen Lebens setze auch der (zuweilen als ‚absolut' bezeichnete) Lebensschutz des Art. 2 Abs. 2 Satz 1 GG und die (nach ganz herrschender und zutreffender Meinung einer Abwägung nicht zugängliche und insofern in der Tat absolute) Menschenwürdegarantie des Art. 1 Abs. 1 GG ein[25]. Stufungen von Lebensschutz oder gar von Würdegarantie werden als indiskutabel und willkürlich verworfen.

(3) Ein Vergleich mit der Rechtslage beim Schwangerschaftsabbruch und der normkonformen hunderttausendfachen Abtreibung jährlich nicht lediglich von frühen Embryonen, sondern von Föten in einem weit fortgeschrittenen Entwicklungsstadium sei wegen der angeblichen „Sondersituation" der Schwangerschaft im Vergleich zur Lage des Embryos *in vitro* als unangemessen abzulehnen.

---

[23] Nur auf *diese* Konstellation beziehen sich die folgenden Darlegungen, nicht auf die gezielte Erzeugung von Embryonen für Zwecke der Forschung. Das ist bei den folgenden Ausführungen immer zu bedenken.

[24] Als repräsentativ für diese Position können (bei unterschiedlicher argumentativer Schwerpunktbildung) gelten: *A. Laufs*, Fortpflanzungsmedizin und Menschenwürde, in: NJW 2000, S. 2716 ff.; *R. Beckmann*, Rechtsfragen der Präimplantationsdiagnostik, in: MedR 2001, S. 169 ff. (171 f., 174 f.); *W. Höfling*, Verfassungsrechtliche Aspekte der Verfügung über menschliche Embryonen und „humanbiologisches Material". Gutachten für die Enquete-Kommission des Deutschen Bundestages „Recht und Ethik der modernen Medizin", Mai 2001, S. 34 ff., 52 ff., 68, 197 ff.; *D. Lorenz*, Die verfassungsrechtliche Garantie der Menschenwürde und ihre Bedeutung für den Schutz menschlichen Lebens vor der Geburt, in: Zeitschrift für Lebensrecht 2001, S. 38 ff.; *Isensee*, Status (Fn. 21), S. 37 ff. – jeweils mit vielen weiteren Nachweisen aus der Fülle des mittlerweile kaum mehr überschaubaren Schrifttums. – Siehe auch die Argumente wider die Embryonenforschung in der Stellungnahme des Nationalen Ethikrates (Fn. 20), S. 28 ff.

[25] Speziell zum Menschenwürdeargument siehe unter IV.

Bei näherer Betrachtung erweist sich keiner der drei Punkte als stichhaltig.

1. Definitiver Beginn grundrechtlich geschützten Lebens mit der Verschmelzung von Ei- und Samenzelle?

Die Beantwortung der Frage nach dem Beginn menschlichen Lebens und seiner Schutzwürdigkeit lässt sich nicht umstandslos bestimmten biologischen Vorgängen entnehmen, sondern ist letztlich Ergebnis einer wertenden normativen Betrachtung[26]. Die vermeintliche biologische Evidenz trügt. Die Naturwissenschaften nehmen uns die normative (ethische oder juristische) Entscheidung nicht ab. Die bloße Berufung auf Erkenntnisse der Naturwissenschaft sitzt einem biologistisch-naturalistischen Fehlschluss[27] auf. Es bleibt uns eine normativ-ethische Entscheidung nicht erspart. Für sie ist konstitutiv, dass den Entwicklungsstufen vorgeburtlichen menschlichen Lebens[28] gemäß verbreiteter moralischer Intuition (wie ihr entsprechender

---

[26] Sehr problembewußt und methodensensibel *M. Anderheiden*, „Leben" im Grundgesetz, in: KritV 84 (2001), S. 353 ff. – Gleiches gilt für die Problemanalyse aus (nicht EKD-konformer) protestantischer Sicht, wie sie von einer Gruppe evangelischer Ethiker vorgelegt wurde: *Anselm u. a.*, Pluralismus (Fn. 17), S. 8. – Auch *E.-W. Böckenförde*, „Die Frucht der verbotenen Tat", in: Süddeutsche Zeitung Nr. 23 v. 28.1.2001, S. 9, problematisiert die Frage im Ausgangspunkt durchaus richtig, um dann aber mit dem Rekurs auf seine (auch in BVerfGE 88, 203 niedergelegte) Auffassung von der Würde als dem „Dasein um seiner selbst willen" einem voraussetzungs- und inhaltslosen Naturalismus zu huldigen; jedes Tier, aber auch ein Grashalm, ein Baum oder ein Fels existiert selbstverständlich um seiner selbst willen.

[27] So meine Formulierung in der Kommentierung zum Menschenwürde-Satz aus dem Jahre 1996 (*H. Dreier*, in: ders., Grundgesetz-Kommentar I [Fn. 18], Art. 1 I Rn. 50). Dem wurde entgegengehalten, dass auch andere zeitliche Fixierungen nicht ohne Bezugnahme auf einen biologischen Tatbestand auskommen (*E. Benda*, Verständigungsversuche über die Würde des Menschen, in: NJW 2001, S. 2147 f. [2147]). Das ist selbstverständlich richtig, aber kein Gegenargument. Denn entscheidend ist die Einsicht, dass es mit der alleinigen Bezugnahme auf einen naturwissenschaftlichen Sachverhalt sein Bewenden nicht haben kann. Es müssen immer eigenständige Erwägungen und Gründe hinzutreten, warum der jeweils für relevant erachtete, biologisch identifizierbare Entwicklungsschritt für die normative Bewertung von ausschlaggebender Bedeutung ist bzw. sein soll (siehe unter III.1.a-e). Nicht mehr – aber auch nicht weniger – war mit der Kritik am „biologistisch-naturalistischen Fehlschluss" gemeint.

[28] Vgl. *Sadler*, Embryologie (Fn. 9), S. 48, 71 ff. 95 ff., 103; *E. Heywinkel/L. Beck*, Art. Embryonalentwicklung, in: W. Korff/L. Beck/P. Mikat (Hrsg.), Lexikon der Bioethik,

Rechtsregeln in Deutschland und vergleichbaren anderen Staaten) Stufen der moralischen Wertung und des rechtlichen Schutzes entsprechen. Ein sieben Monate alter Fötus genießt stärkeren rechtlichen Schutz und größere moralische Wertschätzung als ein Embryo drei Wochen nach der Nidation. Das geltende Strafrecht der Bundesrepublik wie das anderer rechtsstaatlicher Demokratien[29] schützt das werdende Leben im Mutterleib um so stärker, je näher der Zeitpunkt der Geburt rückt: insofern kann man mit gutem Recht von einem wachsenden oder werdenden Lebensrecht sprechen[30].

Mit der Geburt wird dann der moralische Respekt und der grundrechtliche Schutz unbedingt, so dass – abgesehen von den bekannten Fällen der Nothilfe, des finalen Rettungsschusses oder militärischer Einsätze[31] – Abwägungen und Differenzierungen nicht mehr zugelassen sind. Anders gesagt: die Antwort auf die Frage nach dem Beginn der Schutzwürdigkeit menschlichen Lebens muss sich auf zusätzliche normative Erwägungen stützen und kann sich nicht mit dem Hinweis auf bestimmte biologische Tatsachen begnügen. Im folgenden seien einige Gründe genannt, die gegen die vermeintlich alternativlose Setzung des Beginns individuellen menschlichen Lebens mit der Verschmelzung von Ei- und Samenzelle sprechen.

a) So könnte man etwa für den Beginn staatlichen Schutzes des menschlichen Lebens an die Ausbildung der Hirnfunktion anknüpfen. Dafür

---

Bd. 1, 1998, S. 554 ff. (555 ff.): Nidation (abgeschlossen ca. am 12. Tag), Embryonalstadium (von der 3./4. Woche bis zum Ende der achten Woche: Organe haben sich ansatzweise herausgebildet, Hauptzüge der endgültigen Körperform werden sichtbar), Fetalperiode (ab neunter Woche bis zur Geburt: hier steht das Wachstum und die Reifung des Fötus im Vordergrund); ab 9. Woche Atembewegungen, Gesicht bekommt menschliche Züge, ab 10. Woche sind Hirnströme messbar; etwa ab der 20.-22. Woche ist ein Fötus außerhalb des Mutterleibes (extrauterin) lebensfähig. – Zur Lebensfähigkeit vgl. *R. Neidert,* Zunehmendes Lebensrecht, in: DÄBl. 2000, S. A 3483 ff. (A 3484), und unten bei und in Fn. 91.

[29] Eingehender rechtsvergleichender Überblick bei *A. Eser/H.-G. Koch,* Schwangerschaftsabbruch im internationalen Vergleich, Teil 3: Rechtsvergleichender Querschnitt – Rechtspolitische Schlußbetrachtungen – Dokumentation zur neueren Rechtsentwicklung, 1999, S. 95 ff.

[30] Vgl. *A. Eser,* Rechtspolitische Schlußbetrachtungen, in: ders./Koch, Schwangerschaftsabbruch (Fn. 29), S. 513 ff. (577): sukzessive Steigerung des vorgeburtlichen Lebens mit der Entwicklung der Leibesfrucht. Ähnlich und mit direktem Bezug auf die Frage der Embryonenforschung: *Neidert,* Zunehmendes Lebensrecht (Fn. 28), S. A 3483 ff.

[31] Dazu *H. Dreier,* Menschenwürdegarantie und Schwangerschaftsabbruch, in: DÖV 1995, S. 1036 ff. (1037 f.); *H. Schulze-Fielitz,* in: Dreier, Grundgesetz-Kommentar I (Fn. 18), Art. 2 II Rn. 42.

spräche, dass das am 1.12.1997 in Kraft getretene Transplantationsgesetz (TPG) nunmehr nach § 3 Abs. 2 Nr. 2 auf den Hirntod als Mindestvoraussetzung für die Feststellung des Todes eines Menschen (und damit der Möglichkeit einer Organentnahme) abstellt. § 3 Abs. 1 Nr. 2 TPG fordert darüber hinaus die Feststellung des Todes nach dem Stand der Erkenntnisse der medizinischen Wissenschaft. Nach derzeitigem, weltweit allgemein anerkannten naturwissenschaftlich-medizinischen Kenntnisstand ist der Gesamthirntod (und nicht mehr der Herztod) ein inneres sicheres Zeichen für den eingetretenen Tod des Menschen[32]. „Wenn man das Ende des menschlichen Lebens einer *Person* durch den Hirntod definiert", so scheint es in der Tat „nicht unvernünftig, dessen Anfang mit dem Beginn der Gehirnfunktionen ... in Verbindung zu bringen".[33] Eine solche spiegelbildliche Korrespondenz ist jedenfalls zumindest erwägenswert[34] und geht weit darüber hinaus, lediglich ein juristisches „Bedürfnis nach dogmatischer Symmetrie"[35] zu befriedigen.

---

[32] *L. C. Nickel/A. Schmidt-Preisigke/H. Sengler,* Transplantationsgesetz. Kommentar, 2001, § 3 Rn. 6. Nach § 16 Abs. 1 Satz 1 Nr. 1 TPG ist der Bundesärztekammer die Feststellung des Erkenntnisstandes der medizinischen Wissenschaft übertragen. Diese hat ihre dementsprechenden Richtlinien veröffentlicht in: BÄK, Richtlinien zur Feststellung des Hirntodes, DÄBl. 1998, S. A 1861. Das BVerfG (1. Kammer des Ersten Senats) EuGRZ 1999, 242 hat das in einem sehr kurzen Kammer-Beschluß vom 28.1.1999 unbeanstandet gelassen und eine Verfassungsbeschwerde gegen die gesetzliche Hirntodkonzeption erst gar nicht zur Entscheidung angenommen. Gute Zusammenfassung und Analyse der Diskussion um den Hirntod bei *Anderheiden,* Leben (Fn. 26), S. 357 ff.

[33] Zitat: *H. Hofmann,* Die Pflicht des Staates zum Schutz des menschlichen Lebens, in: E. Schlüchter/K. Laubenthal (Hrsg.), Recht und Kriminalität. Festschrift für Friedrich-Wilhelm Krause zum 70. Geburtstag, 1990, S. 115 ff. (119) – Hervorhebung im Original, H.D.

[34] Befürwortet bzw. zumindest ernsthaft erwogen wird die Ausbildung des Gehirns als maßgeblicher Einschnitt auch von *H. Lüttger,* Der Tod und das Strafrecht, in: JR 1971, S. 309 ff. (311); *H.-M. Sass,* Extrakorporale Fertilisation und Embryotransfer, in: R. Flöhl (Hrsg.), Genforschung – Fluch oder Segen?, 1985, S. 30 ff. (38 ff.); *ders.,* Hirntod und Hirnleben (1989), in: ders., Medizin und Ethik, 1989, S. 160 ff. (171 ff.); *R. Scholz,* Verfassungsfragen zur Fortpflanzungsmedizin und Gentechnologie, in: H. Leßmann (Hrsg.), Festschrift für Robert Lukes zum 65. Geburtstag, 1989, S. 203 ff. (223); zu diesem Punkt auch *W. Heun,* Embryonenforschung und Verfassung – Lebensrecht und Menschenwürde des Embryos, in: JZ 2002, S. 517 ff. (522).

[35] *Isensee,* Status (Fn. 21), S. 61.

b) Ein zweiter bedenkenswerter Zeitpunkt ist derjenige, an dem die Möglichkeit endet, dass sich aus dem Embryo nicht *ein* menschlicher Organismus entwickelt, sondern deren mehrere, anders gesagt: an dem die Möglichkeit der Mehrlingsbildung (zumeist: Zwillingsbildung) endet. Das ist nach embryologischer Kenntnis bis zur Ausbildung des sog. Primitivstreifens (ca. 13./14. Tag nach der Befruchtung[36]) der Fall, so dass der Ausschluss der Mehrlingsbildung und der Abschluss der Nidation (ca. 11./12. Tag)[37] ungefähr im selben Zeitraum eintreten[38].

Es trifft also nicht zu, was in der öffentlichen Diskussion meist unwidersprochen und unerläutert vorgetragen wird, dass nämlich mit der Verschmelzung von Ei- und Samenzelle *ein* entwicklungsfähiger Mensch bereits (genetisch) komplett vorliegt, der sich von da an als *ein* Mensch weiterentwickelt. Embryonales Leben in diesem frühen Stadium ist zwar artspezifisches menschliches Leben, aber „noch kein *individuelles* und schon gar kein *personales* Leben"[39]. Von verfassungsrechtlicher Relevanz ist dieser Umstand deswegen, weil die Grund- und Menschenrechte des Grundgesetzes subjektive Rechte des Einzelnen sind[40], also das Individuum (wörtlich: das Unteilbare) schützen, embryonales menschliches Leben bis zum erwähnten Zeitpunkt von knapp zwei Wochen aber durchaus noch teilbar ist: ein „Dividuum"[41] gewissermaßen. Von einem Individuum und von individueller Grundrechtsträgerschaft

---

[36] *Sadler*, Embryologie (Fn. 9), S. 59, 121. Vgl. auch *M. Schleyer*, Verunglimpfung deutscher Ethikkommissionen (Leserbrief), in: DÄBl. 2000, S. A 1965; *H. Hepp/L. Beck*, Art. Lebensbeginn (Medizinisch), in: Korff/Beck/Mikat, Lexikon der Bioethik I (Fn. 28), S. 537 ff. (538).

[37] *Sadler*, Embryologie (Fn. 9), S. 48.

[38] Ein kleiner, nur selten gewürdigter Hinweis im ersten Abtreibungsurteil des Bundesverfassungsgerichts macht auf diese Parallele aufmerksam, wenn es dort (BVerfGE 39, 1 [37]) heißt: „Leben im Sinne der geschichtlichen Existenz eines menschlichen Individuums besteht nach gesicherter biologisch-physiologischer Erkenntnis jedenfalls vom 14. Tage nach der Empfängnis (*Nidation, Individuation*)." – Hervorhebungen von mir, H.D.

[39] *Hofmann*, Pflicht (Fn. 33), S. 119 (Hervorhebung im Original, H.D.) – Die Zwillings- oder Mehrlingsbildung zeigt im übrigen zugleich, dass die Entstehung neuen individuellen Lebens gerade nicht zwingend und ausschließlich auf den Moment der Befruchtung datiert werden kann.

[40] Allgemein dazu *Dreier* (Fn. 18), Vorb. Rn. 30 ff.; siehe auch *Heun*, Embryonenforschung (Fn. 34), S. 519.

[41] Dieser Ausdruck bei *M. Schleyer*, Kein Individuum, sondern ein Dividuum (Leserbrief), in: FAZ Nr. 117 v. 21.5.2001, S. 9.

kann man also nicht sprechen, solange noch die Möglichkeit der Mehrlingsbildung besteht[42]. Bis dahin haben wir es noch nicht mit einem bestimmten und unverwechselbaren Menschen (und befände dieser sich in einem noch so frühen Stadium)[43] zu tun: „Beim Embryo im Stadium der ersten Zellteilungen, bei dem noch Mehrlingsbildung möglich ist, handelt es sich noch nicht um einen Menschen oder um eine menschliche Person"[44]. In der englischen Sprache gibt es dafür eine schlagende begriffliche Unterscheidung: zwar *human life,* aber noch nicht *human being.*

---

[42] Ein in der Diskussion gern angeführtes Argument besagt, dass der Schutz eher stärker denn schwächer werden müsse, wenn aus dem frühen embryonalen Leben nicht nur ein Mensch, sondern mehrere entspringen können (*H. Lüttger,* Der Beginn des Lebens und das Strafrecht, in: JR 1969, S. 445 ff. [451]; *R. Keller,* Beginn und Stufungen des menschlichen Lebensschutzes, in: H.-L. Günther/R. Keller [Hrsg.], Fortpflanzungsmedizin und Humangenetik – Strafrechtliche Schranken?, 2. Aufl. 1991, S. 111 ff. [115]; in diesem Sinne wohl auch *W. Huber,* Wir stehen nicht erst am Anfang des Diskurses, in: FAZ Nr. 183 v. 9.8.2001, S. 44). Dieser Einwand ist seinerseits eine *petitio principii:* er unterstellt, was zu beweisen ist, nämlich: ob diese Frühform ihrerseits individuellen Grundrechtsschutz genießen kann. Der Hinweis auf die Mehrlingsbildung stellt hingegen entscheidend auf den Umstand ab, dass dieses frühembryonale Leben noch so unspezifisch organisiert ist, dass die Applikation individueller Grundrechte mangels Individuation gleichsam ins Leere läuft. – Der Ausschluß der Möglichkeit der Mehrlingsbildung spielt in der juristischen Literatur eine wachsende Rolle: vgl. *U. Schroth,* Forschung mit embryonalen Stammzellen und Präimplantationsdiagnostik im Lichte des Rechts, in: JZ 2002, S. 170 ff. (177 f.); *Heun,* Embryonenforschung (Fn. 34), S. 520 ff.

[43] Erinnert sei daran, dass Art. 2 Abs. 2 Satz 1 GG lautet: „Jeder hat das Recht auf Leben und körperliche Unversehrtheit." In der öffentlichen Debatte wird oft so getan, als könne oder müsse man das Wort „jeder" ersetzen durch „jede Form menschlichen Lebens". – Andererseits ist klar, dass „jeder" zumindest nicht zwingend erst das geborene Leben erfaßt, man den Grundrechtsschutz vielmehr auch auf das ungeborene Leben erstrecken kann, zumal der Gesetzesvorbehalt des Art. 2 Abs. 2 Satz 3 GG Raum für angemessene Lösungen schafft. In BVerfGE 39, 1 (37) ist die entscheidende Schwelle mit „Nidation, Individuation" im Kern zutreffend angegeben.

[44] So heißt es zutreffend im „Positionspapier der Zentralen Ethikkommission zur Gewinnung von und Forschung an menschlichen Stammzellen" der Schweizerischen Akademie der Medizinischen Wissenschaften vom 28. August 2001(im Internet abrufbar unter http://www.samw.ch/content/Dokumente/d_Positionspapier.pdf); den Einschnittcharakter des Ausschlusses der Mehrlingsbildung erwähnen auch *Anselm u. a.,* Pluralismus (Fn. 17), S. 8.

c) Dem Hinweis auf die fehlende Individualität wird zumeist das sog. Potentialitätsargument[45] entgegenhalten. Danach soll allein die in der embryonalen Frühform angelegte Möglichkeit des Heranwachsens zu einem Individuum genügen, um diese unter den vollen Schutz des grundgesetzlich verbürgten (freilich einschränkbaren!) Lebensrechts zu stellen. Doch beruht dieses Potentialitätsargument seinerseits ganz grundsätzlich auf der logisch fragwürdigen und auch der Rechtsordnung im Grunde fremden Vorstellung, dass ein Rechtsstatus, der in Zukunft eintreten wird, schon für die gegenwärtige frühere Entwicklungsstufe gelten müsse[46]. Denn sowenig die Raupe bereits der Schmetterling, die Eichel schon der Eichbaum, der Kronprinz aktuell im Besitz der Königsrechte ist[47], so wenig kann Potentialität zur Menschwerdung allein ausreichen, embryonalem Leben vor der Nidation den gleichen Rechtsstatus zuzusprechen wie lebenden Personen oder individuierten Embryonen und Föten[48]. Freilich ist zuzugestehen, dass dem Recht auf Leben im Unter-

---

[45] Vgl. etwa den Zweiten Zwischenbericht der Enquete-Kommission Recht und Ethik der modernen Medizin. Teilbericht Stammzellenforschung, BT-Drs. 14/7546, S. 30; *Huber*, Anfang des Diskurses (Fn. 42), S. 4; *J. Wisser*, Einzigartig und komplett, in: FAZ Nr. 166 v. 20.7.2001, S. 166; *G. Rager*, Embryo – Mensch – Person, in: J. P. Beckmann (Hrsg.), Fragen und Probleme einer medizinischen Ethik, 1996, S. 254 ff. (257 ff.).

[46] Mit dem Sinn des Engländers für trockenen bis schwarzen Humor heißt es dazu bei *J. Harris*, Der Wert des Lebens. Eine Einführung in die medizinische Ethik, 1995, S. 39: „Wir werden alle unweigerlich sterben, aber das ist vermutlich kein guter Grund, uns jetzt bereits als Tote zu behandeln."

[47] Vgl. entsprechende Beispiele bei *H. Markl*, Von Caesar lernen heißt forschen lernen, in: FAZ Nr. 144 v. 25.6.2001, S. 52; *ders.*, Mensch (Fn. 7), S. 1010; *R. Schröder*, Was dürfen, was sollen wir tun? Fragen eines Philosophen zu den Fortschritten in der Biomedizin, in: FAZ Nr. 167 v. 21.07.2001, S. 8; *E. Hilgendorf*, Klonverbot und Menschenwürde – Vom Homo sapiens zum Homo xerox? Überlegungen zu § 6 Embryonenschutzgesetz, in: H.-W. Arndt/M.-E. Geis/D. Lorenz (Hrsg.), Staat, Kirche, Verwaltung. Festschrift für Hartmut Maurer zum 70. Geburtstag, 2001, S. 1147 ff. (1163); *B. Schöne-Seifert*, Von Anfang an?, in: Die Zeit Nr. 9 v. 22.2.2001, S. 41; das Kronprinz-Beispiel etwa bei *N. Hoerster*, Forum: Ein Lebensrecht für die menschliche Leibesfrucht, in: JuS 1989, S. 172 ff. (176).

[48] Außerdem ist zu bedenken, „dass die befruchtete Eizelle nicht das einzige potentiell menschliche Wesen darstellt. Die unbefruchtete Eizelle und das Spermium sind ebenfalls potentiell neue menschliche Wesen. Wenn man sagt, dass eine befruchtete Eizelle potentiell ein Mensch sei, so sagt man damit nichts anderes, als dass aus der befruchteten Eizelle ein Mensch werden wird, wenn ihr bestimmte Dinge widerfahren (z.B. eine Implantation) und andere nicht (z.B. eine Fehlgeburt). Doch dasselbe lässt sich auch von der unbefruchteten Eizelle und vom Spermium sagen." (*Harris*, Wert [Fn. 46],

schied zu sonstigen Rechten die Besonderheit innewohnt, dass seine Nichtverletzung die Voraussetzung für die (spätere) Erlangung aller anderen Rechtsstatus darstellt; insofern weisen die Raupe/Schmetterling-, Eichel/Eichbaum- und Kronprinz/König-Vergleiche eine deutliche argumentative Schwäche auf[49]. Diese ist allerdings behebbar. Es lässt sich nämlich zeigen, dass es für die vom Potentialitätsargument in zuweilen nicht ganz einfach rekonstruierbarer Verknüpfung mit dem Identitätsargument vorausgesetzte Möglichkeit der gedanklichen Zurückverfolgung einer lebenden Person auf ihre frühen vorgeburtlichen Stadien als Fötus und als Embryo eine Sperre gibt, und diese liegt wiederum in dem Zeitpunkt, zu dem eine Mehrlingsbildung noch möglich ist[50]. Die „Identitätsbrücke" eines lebenden Menschen lässt sich nicht weiter als bis zu diesem Punkt zurückführen[51].

d) Schließlich vermag auch die Tatsache, dass mit der Verschmelzung (der Vorkerne) von Ei- und Samenzelle das genetische Programm irreversi-

---

S. 39). Anders formuliert: das Argument der Potentialität müsste bei strikter Betrachtung dazu führen, Ei- und Samenzellen bereits *vor* der Befruchtung zu schützen, da hier zweifelsohne menschliches Leben mit der (von weiteren Ereignissen abhängigen) Potenz zur Menschwerdung vorliegt. Zumindest für die im Vorkern-Stadium kryokonservierten Verbindungen von Ei- und Samenzelle wäre dies bei Zugrundelegung der genannten Prämissen eigentlich zwingend, wie *R. Bartram*, Warum auf den Ethikrat warten?, in: FAZ Nr. 148 v. 29.6.2001, S. 46 ausführt: „Zudem enthält ja auch schon die befruchtete Eizelle vor Verschmelzung beider Kerne die Entwicklungspotenz zu einem Menschen. Warum sind diese Zellen nicht geschützt? Empfängt der Embryo, überspitzt gesagt, in den wenigen Stunden der Kernverschmelzung plötzlich seine Menschenwürde?" – Auf diesen Punkt macht ebenfalls aufmerksam *Heun*, Embryonenforschung (Fn. 34), S. 520, 523.

[49] Richtig *R. Merkel*, Früheuthanasie, 2001, S. 482 ff.; siehe auch *Anderheiden*, Leben (Fn. 26), S. 378.

[50] Dazu die sehr gründliche und ausführliche Argumentation von *Merkel*, Früheuthanasie (Fn. 49), S. 464 ff., insb. 476 ff., 491 ff. mit dem für die Frage des Schwangerschaftsabbruchs zentralen Ergebnis, es gebe „gute prinzipielle, nicht bloß pragmatische Gründe für die geltende Regelung des § 218 Abs. 1 S. 2, wonach eine pränidative Vernichtung des Embryos nicht als Schwangerschaftsabbruch gilt."

[51] Eine Brückenkonstruktion ist auch konstitutiv für die Argumentation von *H.-G. Dederer*, Menschenwürde des Embryo *in vitro*? Der Kristallisationspunkt der Bioethik-Debatte am Beispiel des therapeutischen Klonens, in: AöR 127 (2002), S. 1 ff. (10 ff.) (dort freilich nicht bezogen auf den Lebensschutz, sondern auf Art. 1 Abs. 1 GG, und nicht auf den Ausschluss der Mehrlingsbildung, sondern die Nidation gestützt).

bel festgelegt wird, diese Frühform embryonalen Lebens nicht in eine individuelle personale Existenz zu verwandeln. Der Hinweis auf die invariable genetische Programmierung[52] verkennt, dass der Mensch mehr ist als die Summe seiner Gene und sein Leben mehr als der Vollzug seines genetischen Programms: eineiige Zwillinge weisen genetische Identität auf, ohne doch in einem sozialen und personalen Sinne identisch zu sein. Sie sind vielmehr ganz unzweifelhaft „bei aller auf der genetischen Identität beruhenden physiologischen Gleichheit doch jeder für sich ein ‚einmaliges und unverwechselbares' Individuum"[53]. Deswegen ist das Vorliegen einer invariablen genetischen Ausstattung im Vier- oder Achtzellstadium auch noch kein Indiz oder gar eine vollständige Begründung für das Vorhandensein eines dem Schutz von Art. 2 Abs. 2 Satz 1 GG unterfallenden ‚Menschen'[54].

e) Setzt man hingegen, wie das von vielen vorgeschlagen wird, die entscheidende Zäsur für den Lebensschutz bei der Nidation an[55], so nicht

---

[52] *W. Graf Vitzthum,* Gentechnologie und Menschenwürde, in: MedR 1985, S. 249 ff. (252); *G. Müller,* Zur Frage nach dem Leben in theologischer Sicht, in: H. Lübbe u. a. (Hrsg.), Anfang und Ende des Lebens als normatives Problem, 1988, S. 51 ff. (52); *K. Stern,* Das Staatsrecht der Bundesrepublik Deutschland, Bd. III/1, 1988, § 70 IV 5 b (S. 1058); *M. Herdegen,* Die Menschenwürde im Fluß des bioethischen Diskurses, in: JZ 2001, S. 773 ff. (774).

[53] So *Dederer,* Menschenwürde (Fn. 51), S. 8. Das Zitat im Zitat bezieht sich auf BVerfGE 88, 203 (251 f.).

[54] Scharf und eindringlich *Markl,* Caesar (Fn. 47), S. 52: „Im Gegenteil will mir scheinen, als ob die alleinige Fixierung des Menschenwesens auf den Besitz eines Satzes menschlicher Gene (von denen wir zudem auch noch einen sehr hohen Prozentsatz mit vielen anderen Tieren identisch gemeinsam haben) und die als hochmoralisch bewertete willenlose Hinnahme jedes Zufallsunglücks in der Beschaffenheit dieses Gensatzes, den Gipfel eines Biologismus bedeutet, der den Menschen tatsächlich zum reinen Biowesen degradiert."

[55] Außer den im folgenden Genannten etwa: *Anderheiden,* Leben (Fn. 26), S. 380; *H. Hofmann,* Biotechnik, Gentherapie, Genmanipulation – Wissenschaft im rechtsfreien Raum?, in: JZ 1986, S. 253 ff. (258 f.); *D. Coester-Waltjen,* Befruchtungs- und Gentechnologie bei Menschen – rechtliche Probleme von morgen?, in: FamRZ 1984, S. 230 ff. (235); die beiden letztgenannten mit dem Argument, dass zu diesem Zeitpunkt auch die Individuation einsetzt (des weiteren *Heun,* Embryonenforschung [Fn. 34], S. 522). In diesem Sinne wohl auch, obwohl letztlich wegen der mangelnden Rechtssubjektivität des Embryos offenlassend: *Ipsen,* Status (Fn. 14), S. 994. – Auch *Eser,* Rechtspolitische Schlußbetrachtungen (Fn. 30), S. 614, schlägt in seinem Entwurf zur Regelung des Schwangerschaftsabbruchs eine Strafbarkeit erst nach der abgeschlossenen Nidation vor.

allein *grosso modo* zu einem Zeitpunkt, an dem aus lediglich artspezifischem menschlichen Leben ein individuierter Embryo geworden ist. Vor allem ist die notwendige Bedingung für die weitere Entwicklung der befruchteten Eizelle zu einem lebenden und menschlichen Organismus hinzu- bzw. eingetreten[56]. Erst jetzt ist der Embryo durch den Anschluss an den mütterlichen Kreislauf zu einer echten „Leibesfrucht" geworden[57], so dass die notwendigen äußeren Voraussetzungen für seine weitere Entwicklung hin zu einem *extrauterin* lebensfähigen Organismus vorliegen[58]. Im übrigen nimmt man mit einer entsprechenden Fixierung grundrechtlichen Schutzes[59] eine jener vielen Stufungen vor, die in

---

[56] Zur herausragenden Bedeutung der Nidation für die Entwicklung von Säugetieren und damit auch diejenige des Menschen und den insofern oft übersehenen Unterschieden zu anderen Tierklassen *C. Nüsslein-Volhard,* Wann ist ein Tier ein Tier, ein Mensch kein Mensch, in: FAZ Nr. 229 v. 2.10.2001, S. 55: die „Orientierungshilfen" befruchteter Eizellen reichen nur bis zur Blastozystenbildung; um ein Mensch zu werden, bedarf es „absolut einer intensiven Symbiose des Embryos mit dem mütterlichen Organismus", erst mit der Nidation verfügt der Embryo über „das volle Entwicklungsprogramm". Dagegen enthält ein Ei von eierlegenden Tieren sowohl das genetische Programm „als auch alle notwendigen Materialien und Faktoren, es korrekt auszuführen". – Siehe auch *Markl,* Caesar (Fn. 47), S. 52: „Die eigentliche ‚biologische' Entscheidung zur Menschwerdung fällt daher tatsächlich mit der Einnistung des Keimes im Uterus, nicht schon mit der Befruchtung."

[57] *Hofmann,* Pflicht (Fn. 33), S. 119.

[58] Bedenkenswert auch die Argumentation von *Anderheiden,* Leben (Fn. 26), S. 378 ff., der sich auf eine eingeschränkte Version des Potentialitätsargumentes stützt: aus einer potentiellen Person werde eine aktuelle Person, wenn das im natürlichen Verlauf der Entwicklung liege und diese nicht unterbrochen wird; beim Embryo in vitro bedarf es aber einer weiteren (aktiven) Handlung, nämlich der Implantation in die Gebärmutter; da anderseits bei natürlicher Befruchtung in vivo nur rund ein Drittel der befruchteten Eizellen das Stadium der Nidation erreichen, danach aber 85% der eingenisteten Embryonen geboren werden, biete sich erneut die Nidation als wesentliche Zäsur für den maßgeblichen rechtlichen Schutz an (zu den Zahlenangaben vgl. vorne Fn. 9).

[59] Dies muss keineswegs ein alles-oder-nichts-Rechtsschutz sein (in diese Richtung aber *Hoerster,* Ethik [Fn. 21], S. 30 ff., 45 ff., 65 ff.; desgleichen *S. Huster,* Recht. Eine Kolumne. Abwägung auf Abwegen, in: Merkur 56 [2002], S. 417 ff. [420 ff.]). Auch wenn § 218 Abs. 1 Satz 2 StGB das embryonale Leben *in vivo* vor der Nidation praktisch schutzlos stellt, kann insofern für die befruchteten Eizellen *in vitro* aus den oben angedeuteten Gründen anderes gelten. Die restriktiven Kautelen, die bei einer (derzeit wenig wahrscheinlichen) Zulassung verbrauchender Embryonenforschung in Deutschland gelten würden, ließen sich entweder auf eine Art Vorwirkung des erst mit der Nidation einsetzenden Schutzes stützen, wobei der Vorwirkungsgedanke zu einem entsprechend geringeren Schutz führt; oder auf die Annahme, dass zwar auch die befruchtete Eizelle bereits in den Schutzbereich des Art. 2 Abs. 2 Satz 1 GG fällt, in diesem frühen Stadium aber aufgrund des Gesetzesvorbehalts stärker eingegriffen

allen Rechtsordnungen etwas ganz Selbstverständliches sind und stets ganz unweigerlich den Charakter des zumindest partiell willentlich Festgelegten (und insofern „willkürlichen") in sich bergen. An solchen Stufungen ist auch die bundesdeutsche Rechtsordnung reich, wie nicht zuletzt die den Schwangerschaftsabbruch regelnden Normen (insbesondere die Frist von zwölf Wochen für den Abbruch nach erfolgter Beratung, § 218a Abs. 1 StGB) und die Zulässigkeit nidationshemmender Empfängnisverhütungsmittel (§ 218 Abs. 1 Satz 2 StGB) zeigen. Im Ergebnis liegt dem hier favorisierten Stufungskonzept die Vorstellung vom wachsenden Lebensrecht des wachsenden vorgeburtlichen menschlichen Lebens zugrunde. Dabei handelt es sich nicht um ein irgendwie beliebiges oder künstlich erdachtes Modell; vielmehr ist jenes Konzept unserer Rechtsordnung und derjenigen vergleichbarer demokratischer Verfassungsstaaten in vielfältiger Weise eingeschrieben. Das sei im folgenden etwas näher erläutert.

2. Absoluter Schutz des Lebensrechts?

Der deutsche Bundespräsident hat in seiner vielbeachteten Rede vom 18. Mai 2001 in der Staatsbibliothek zu Berlin[60] die ersichtlich rhetorische Frage gestellt, wann denn der absolute Schutz des Lebens beginnen sollte, wenn nicht bereits mit der Verschmelzung von Ei- und Samenzelle. Die Frage lässt sich so allerdings überhaupt nicht beantworten, weil es „absoluten" Lebensschutz niemals gibt: evidenterweise nicht für das ungeborene Leben[61], aber auch nicht für geborene Personen. Das Grundgesetz selbst erkennt mit dem Gesetzesvorbehalt in Art. 2 Abs. 2 Satz 3 GG („In diese Rechte darf nur aufgrund eines Gesetzes eingegriffen werden") Eingriffsmöglichkeiten ausdrücklich an, die beim Recht auf Leben nur in der Tötung

---

um aber aufgrund des Gesetzesvorbehalts stärker eingegriffen werden könne, was bei Befruchtung *in vivo* aus tatsächlichen Gründen ausscheide. Also: entweder Schutzbereichsreduktion oder Vorbehaltsextension. Nicht unbeachtet sollte überdies bleiben, dass der einfache Gesetzgeber natürlich über die verfassungsrechtlichen (Mindest-)Anforderungen hinaus pränidatives menschliches Leben schützen kann (im Ergebnis ebenso *Heun*, Embryonenforschung [Fn. 34], S. 523 f.).

[60] Sie trug den Titel: „Wird alles gut? – Für einen Fortschritt nach menschlichem Maß". Teilabdruck in der FAZ Nr. 116 v. 19.5.2001, S. 45 unter dem Titel „Der Mensch ist zum Mitspieler der Evolution geworden".

[61] Dazu näher unter dem folgenden Gliederungspunkt 3.

liegen können. Die immer wieder genannten einschlägigen Standardbeispiele betreffen etwa den sog. finalen Rettungsschuss (auch „polizeilicher Todesschuss" genannt), Fälle der staatlichen Nothilfe sowie die Pflicht zum Einsatz des eigenen Lebens in Feuerwehr- oder Militäreinsätzen[62]. Das Lebensrecht lässt sich also nicht ohne weiteres als „Höchstwert" der Verfassung bezeichnen, wie dies gern geschieht. Bezeichnenderweise musste das Bundesverfassungsgericht, das diese Wendung zuweilen gebraucht hat[63], sie mit der Bemerkung relativieren, dass der Schutz des Lebens „nicht in dem Sinne absolut geboten" sei, „dass dieses gegenüber jedem anderen Rechtsgut ausnahmslos Vorrang genösse"[64]. In einem anderen, aber ebenfalls einschlägigen Zusammenhang, nämlich dem ungeheuren Gefahrenpotential für Leib und Leben durch die wirtschaftliche Nutzung der Atomenergie, hat das Gericht sogar ausgeführt, es reiche aus, wenn die Schadensereignisse „nach dem Stand von Wissenschaft und Technik *praktisch* ausgeschlossen" seien; Ungewissheiten jenseits dieser Schwelle seien „unentrinnbar und insofern als sozial-adäquate Lasten von allen Bürgern zu tragen".[65]

Sieht man einmal von dem letztgenannten Punkt ab, so zeichnen sich die Standardfälle dadurch aus, dass hier Recht gegen Unrecht steht oder dem Bürger der Einsatz seines Lebens zum allgemeinen Gefahrenschutz abverlangt wird. Eine solche Konstellation liegt bei der verbrauchenden Embryonenforschung ersichtlich nicht vor. Der Embryo *in vitro* bedroht oder gefährdet niemanden[66]. Daraus wird nicht selten die Folgerung gezo-

---

[62] Vgl. Nachweise oben in Fn. 31; ferner *D. Lorenz,* Das Recht auf Leben und körperliche Unversehrtheit, in: J. Isensee/P. Kirchhof (Hrsg.), Handbuch des Staatsrechts der Bundesrepublik Deutschland, Bd. VI: Freiheitsrechte, 1989, § 128 Rn. 42; *D. Murswiek,* in: M. Sachs (Hrsg.), Grundgesetz. Kommentar, 2. Aufl. 1999, Art. 2 Rn. 171 f.

[63] BVerfGE 39, 1 (42); 46, 160 (164); 49, 24 (53); zuletzt BVerfG (2. Kammer des Ersten Senats), Beschluß vom 23.11.2001, DÖD 2002, 26 ff. (28). Hier ist zudem zu bedenken, dass auch die Menschenwürde zuweilen als Höchstwert (BVerfG, 3. Kammer des Zweiten Senats, v. 13. März 2002, Az.: 2 BvR 261/01) bzw. als „oberste[r] Wert" (BVerfGE 6, 32 [41]; 27, 1 [6]; 30, 173 [193]; 32, 98 [108]) bzw. als „höchste[r] Rechtswert" (E 12, 45 [53]; 45, 187 [127]) apostrophiert wird, zwei Höchstwerte in einer Verfassung aber schlechterdings unmöglich sind – vorausgesetzt, dass ein gewisses Maß an Logik auch für Juristen gilt.

[64] BVerfGE 88, 203 (253 f.).

[65] BVerfGE 49, 89 (143).

[66] Insofern richtig *Hefty,* Die im Dunkeln (Fn. 17); *Huster,* Abwägung (Fn. 59), S. 420. – Auch das ungeborene Leben im Mutterleib bedroht mit der allein diskussionswürdigen Ausnahme der medizinischen Indikation niemanden in einer Weise, wie sie etwa

gen, auf den Gesetzesvorbehalt des Art. 2 Abs. 2 Satz 3 GG könne eine Zulassung der verbrauchenden Embryonenforschung wegen des insofern geringeren „Gegengewichts" zum Lebensrecht nicht gestützt werden[67]. Dies trifft jedoch nicht zu. Denn die Rechtslage beim Schwangerschaftsabbruch belegt unzweifelhaft, dass die zulässige Nutzung des Gesetzesvorbehalts nicht auf die genannten Standardfälle und damit auf die Konstellation der Abwägung zwischen dem Lebensrecht prinzipiell gleichwertiger, geborener Personen beschränkt ist. Vielmehr erlauben die in Realisierung der staatlichen Schutzpflicht zugunsten des ungeborenen Lebens erlassenen Gesetze die Tötung individuierten embryonalen bzw. fötalen Lebens im Stadium weit nach der Nidation auch in Fällen, in denen eine rein medizinische Indikation und damit der Konflikt Leben (der Mutter) gegen Leben (des *nasciturus*) nicht vorliegt.

Freilich argumentieren die Gegner der verbrauchenden Embryonenforschung zumindest insoweit, als sie zugleich im großen und ganzen Befürworter der geltenden Rechtslage beim Schwangerschaftsabbruch sind bzw. den hier nach jahrzehntelangen mühevollen Auseinandersetzungen gefundenen Kompromiss nicht aufkündigen wollen[68], dass das Abtreibungsrecht

---

§ 32 StGB („gegenwärtiger rechtswidriger Angriff") normiert bzw. für eine gerechtfertigte Abwehrhandlung verlangt.

[67] *R. Beckmann*, Embryonenschutz und Grundgesetz, in: ZRP 1987, S. 80 ff. (85); *E. Benda*, Die Verfassung und das Leben, in: Geyer, Biopolitik (Fn. 1), S. 247 ff. (256); Zweiter Zwischenbericht der Enquete-Kommission Recht und Ethik der modernen Medizin. Teilbericht Stammzellenforschung, BT-Drs. 14/7546, S. 38 f.; Nationaler Ethikrat, Forschung an menschlichen embryonalen Stammzellen (Fn. 20), S. 35 f. (Argumentationslinie gegen die Embryonenforschung).

[68] So z. B. *Hans-Jochen Vogel* in einem Interview („Das letzte Wort ist die Verfassung. Wem Menschenwürde zukommt, kann die Wissenschaft nicht entscheiden") in der FAZ Nr. 269 v. 19.11.2001, S. 44 f. (44); auch *H. Däubler-Gmelin* befürwortet die Regeln des geltenden Abtreibungsrechts („Die Würde des Embryos ist unbezweifelbar") im Interview in der FAZ Nr. 118 v. 22.5.2001, S. 52 f. [52]); ferner *U. Sacksofsky*, Der verfassungsrechtliche Status des Embryo in vitro. Gutachten für die Enquete-Kommission des Deutschen Bundestages „Recht und Ethik der modernen Medizin", 2001, S. 30 ff. – *W. Huber,* Neu von der Heiligkeit des Lebens sprechen, in: Confessio Augustana 111 (2001), S. 14 ff. (21) führt aus, dass die Regelung des Schwangerschaftskonflikts notwendigerweise ein Kompromiss sei und fährt fort: „Wer dem Kompromiss generell entgehen wollte, wird zwangsläufig unbarmherzig. Er beschwört entweder das Lebensrecht des werdenden Lebens und ignoriert die Lage der Mutter; oder er verficht das Selbstbestimmungsrecht der Mutter und missachtet das Lebensrecht des Kindes. Gerade in einer so schwierigen Frage muss man deshalb sagen: lieber ein Kompromiss als pure Unbarmherzigkeit." Diese Stellungnahme ist deutlich undifferenzierter als die geltende

als argumentative Parallele wegen der ganz anders gelagerten Konstellation nicht in Betracht komme. Der fehlenden Überzeugungskraft dieser These gilt unsere dritte Gegenkritik.

3. Sondersituation der Schwangerschaft und Unvergleichbarkeit der Rechtslage bei der Abtreibung?

Postuliert man wie die Kritiker der verbrauchenden Embryonenforschung und Gegner des Stammzellimportes für Embryonen *in vitro* den gleichen Lebens- und Würdeschutz wie für (geborene) Menschen, zieht das schwerwiegende und letztlich nicht zu rechtfertigende Wertungs- und Bewertungswidersprüche nach sich. Diese erstrecken sich zum einen auf die Zulässigkeit der Verwendung nidationshemmender Mittel, zum anderen auf die rechtlichen Regelungen zum Schwangerschaftsabbruch.

a) Was die Nidationshemmer (Spirale, „Pille danach") betrifft, so ist deren Verwendung nach dem derzeit geltenden einfachen und verfassungsrechtlich bislang unumstrittenen Recht uneingeschränkt möglich – und dies, obwohl mit diesen Mitteln der Empfängnisverhütung genau das geschieht, was bei der verbrauchenden Embryonenforschung kritisiert und skandalisiert wird: die befruchtete Eizelle wird an der Einnistung gehindert und abgetötet[69]. § 218 Abs. 1 Satz 2 StGB bestimmt ausdrücklich: „Handlungen, deren Wirkung vor Abschluss der Einnistung des befruchteten Eies in der Gebärmutter eintritt, gelten nicht als Schwanger-

---

Rechtslage, welche sich in wesentlichen Teilen den Vorgaben und Impulsen der bundesverfassungsgerichtlichen Judikatur (BVerfGE 39, 1; 88, 203) verdankt. Und muss man sich angesichts der widerstreitenden hohen Rechtsgüter nicht auch bei der Embryonenforschung (und der PID) auf die Suche nach einem Kompromiss machen, zumal viele von schwerer Krankheit betroffene Menschen den Verzicht auf die Erforschung neuer Therapien und daraus resultierende mögliche Heilungschancen ihrerseits als „unbarmherzig" empfinden werden?

[69] Zu Recht kritisch mit Blick auf § 218 Abs. 1 Satz 2 StGB *Schroth,* Forschung (Fn. 42), S. 177: „Wenn man dem Embryo ab Abschluss der Kernverschmelzung ‚Menschenwürde' und damit ein fundamentales Lebensrecht zuspricht, lässt sich eine derartige Regelung nicht legitimieren." Desgleichen *Heun,* Embryonenforschung (Fn. 34), S. 523.

schaftsabbruch im Sinne dieses Gesetzes."[70] Das Bundesverfassungsgericht hat diese Regelung unbeanstandet gelassen[71]. Es kommt im übrigen auch nicht darauf an, ob gemäß neuerer Erkenntnis Nidationshemmer in vielen Fällen schon die Befruchtung verhindern[72]. Denn erstens sind viele oder einige Fälle eben bei weitem nicht alle; und zweitens ging man seit jeher davon aus, dass die Nidation gehemmt wird. Die damit verbundene Abtötung befruchteter Eizellen hat der Gesetzgeber ebenso akzeptiert wie das Bundesverfassungsgericht in seiner einschlägigen Judikatur. Auch lässt sich nicht überzeugend argumentieren, die Verwendung empfängnisverhütender Mittel falle in den Intimbereich der Partner und entziehe sich dem staatlichen Zugriff; denn natürlich wäre ein strafrechtlich bewehrtes Vertreibungsverbot entsprechender Instrumente und Medikamente ohne weiteres möglich[73].

b) Noch gravierender sind die Verwerfungen zwischen den strikten – und von den Gegnern der Embryonenforschung und des Stammzellimports gern als verfassungsrechtlich zwingend geboten ausgegebenen – Verboten des Embryonenschutzgesetzes und den rechtlichen Regelungen beim Schwangerschaftsabbruch. Ein Schwangerschaftsabbruch, also die Tötung eines eingenisteten Embryos, ist gemäß § 218a StGB in den ersten

---

[70] Vgl. *A. Eser,* in: A. Schönke/H. Schröder (Hrsg.), Strafgesetzbuch. Kommentar, 26. Aufl. 2001, § 218 Rn. 6 f.; *H. Tröndle/H. Fischer,* Strafgesetzbuch, 50. Aufl. 2001, § 218 Rn. 4.

[71] BVerfGE 88, 203 (251). – Gelegentlich wird die Aussparung dieser Konstellation mit der faktischen Strafunmöglichkeit begründet (vgl. z. B. *Keller,* Beginn [Fn. 42], S. 131; *A. Eser,* in: Schönke/Schröder, StGB [Fn. 70], §§ 218 ff. Vorbem Rn. 35), z.T. mit dem Hinweis auf fehlendes individuelles Leben (vgl. z. B. *A. Eser,* in: A. Schönke/ H. Schröder [Hrsg.], Strafgesetzbuch. Kommentar, 21. Aufl. 1982, Vorbem §§ 218 ff. Rn. 27; *H.-J. Rudolphi,* in: SK-StGB. Systematischer Kommentar zum Strafgesetzbuch, Vor § 218 [1996], Rn. 10; *Coester-Waltjen,* Befruchtungs- und Gentechnologie [Fn. 55], S. 235: „Man könnte daher daran denken, hier von ‚latentem menschlichen Leben' zu sprechen als einer Kategorie, die zwischen dem realen und potentiellen menschlichen Leben liegt und deren Schutz dann in der Mitte anzusiedeln wäre"), und z.T. mit dem zum Zeitpunkt der Gesetzgebung noch nicht bekannten Gefahren der assistierten Reproduktion (*A. Laufs,* Die künstliche Befruchtung beim Menschen – Zulässigkeit und zivilrechtliche Folgen, in: JZ 1986, S. 769 ff. [774]; *H.-L. Günther,* Der Diskussionsentwurf zum Schutz von Embryonen, in: GA 1987, S. 43 ff. [437]; *G. Püttner/K. Brühl,* Verfassungsrechtliche Probleme von Fortpflanzungsmedizin und Gentechnologie, in: JA 1987, S. 289 ff. [294]).

[72] *Vogel,* FAZ-Interview (Fn. 68), S. 44.

[73] *Schroth,* Forschung (Fn. 42), S. 173 mit Fn. 16.

zwölf Wochen praktisch ohne wirksame Einschränkungen zulässig; daran ändert weder die Beratungspflicht (die von der Schwangeren nicht mehr als die physische Präsenz verlangt[74]) noch die begriffsjuristisch anmutende Einstufung des Handelns als „rechtswidrig, aber straffrei"[75] etwas. Dass es sich hierbei um einen letztlich folgenlosen Formelkompromiss handelt, ergibt sich bereits daraus, dass im eklatanten Unterschied zur Situation bei allen anderen rechtswidrigen Handlungen Nothilfe (zugunsten des gefährdeten Embryos) ausdrücklich ausgeschlossen ist[76]. Das Bundesverfassungsgericht spricht ferner – richtigerweise, aber schwerlich mit der Prämisse der Rechtswidrigkeit vereinbar – der in einem Arbeitsverhältnis stehenden abtreibungswilligen Frau Lohnfortzahlungsansprüche, der mittellosen Sozialhilfeleistungen zu[77]. Und wie haben wir die Tätigkeit der die Abtreibung – eine angeblich rechtswidrige Handlung! – vornehmenden Ärzte einzuordnen? Ein späteres Urteil[78] verrät es uns: sie genießen den grundrechtlichen Schutz des Art. 12 Abs. 1 GG (Berufsfreiheit). In summa: das Bundesverfassungsgericht *bezeichnet* die Abtreibung nach Beratung in den ersten zwölf Wochen zwar als Unrecht und rechtswidrig, *behandelt* sie aber als rechtmäßig[79].

c) Ein Verbot der Embryonenforschung führt daher zu einem deutlich stärkeren Schutz der Embryonen in vitro als derjenigen in vivo, wobei zusätzlich zu berücksichtigen ist, dass die Embryonen in vitro nur wenige Tage alt sind, die Abtreibung in den ersten zwölf Wochen aber Lebewesen betrifft, bei denen die Ausbildung von Organen bereits deutlich vorangeschritten und Menschengestalt ansatzweise erkennbar ist. Bei acht

---

[74] Vgl. *A. Eser*, in: Schönke/Schröder, StGB (Fn.70), § 219 Rn. 2; *Tröndle/Fischer*, StGB (Fn. 70), § 219 Rn. 4.

[75] Auf diesen Formelkompromiss hatte man sich im zweiten Abtreibungsurteil verständigt (BVerfGE 88, 203 [273 ff.]); dazu kritisch *A. Eser*, in: Schönke/Schröder, StGB (Fn. 70), § 218a Rn. 12 ff.; *Tröndle/Fischer*, StGB (Fn. 70), Vor § 218 Rn. 14 f.; *G. Hermes/S. Walther*, Schwangerschaftsabbruch zwischen Recht und Unrecht. Das zweite Abtreibungsurteil des BVerfG und seine Folgen, in: NJW 1993, S. 2337 ff. (2340 ff.); *Hoerster*, Ethik (Fn. 21), S. 58 ff.

[76] BVerfGE 88, 203 (279). Zu diesem strafrechtlichen Systembruch näher *Eser* (Fn. 75), § 218a Rn. 14; *Tröndle/Fischer*, StGB (Fn. 70), Vor § 218 Rn. 15 m. w. N.; eingehend *N. Hoerster*, Abtreibung im säkularen Staat, 2. Aufl. 1995, S. 184 ff.

[77] Vgl. BVerfGE 88, 203 (321 ff.).

[78] BVerfGE 98, 265 (296 ff.).

[79] Diese treffende Formulierung bei *Hoerster*, Ethik (Fn. 21), S. 60.

Wochen alten Embryonen sind nicht nur erste organspezifische Zellen des Gehirns existent und hat die Ausbildung von Synapsen begonnen[80], auch (unbewusste) Schmerzempfindungsfähigkeit fängt an sich zu entwickeln[81]. Es scheint außerordentlich unplausibel, im letztgenannten Fall relativ großzügig Möglichkeiten der Tötung von Embryonen einzuräumen, sie bei Blastozysten und damit in einem Entwicklungsstadium weit vor der Schmerzfähigkeit, vor der Ausbildung von Organen im allgemeinen und des Hirnes im besonderen aber kategorisch unter Hinweis auf die Eigenständigkeit dieser vermeintlich würdebegabten Wesen zu negieren[82]. Diese evidente Ungleichbehandlung von Embryonen in vitro und in vivo lässt sich auch nicht überzeugend mit dem Hinweis auf die einmalige „Sondersituation" der Schwangeren, ihre Konfliktlage und damit die Unvergleichbarkeit der Sachverhalte begründen[83]. Natürlich sind die beiden Sachverhalte in mancherlei Hinsicht unterschiedlich; aber das ist ohnehin kein Gegenargument, da eine Unterschiedlichkeit in manchen Punkten eine Vergleichbarkeit nicht ausschließt, sondern gerade voraussetzt – andernfalls hätten wir es nicht mit vergleichbaren, sondern mit identischen Sachverhalten zu tun[84]. Entscheidend ist, dass im

---

[80] Vgl. zu dieser entscheidenden Zäsur in der Entwicklung des Gehirns *Sass*, Hirntod (Fn. 34), S. 171 f.

[81] Die Angaben über die Entwicklung der Schmerzempfindung variieren stark; es scheint noch keine gesicherten Erkenntnisse darüber zu geben. *Neidert*, Zunehmendes Lebensrecht (Fn. 28), S. A 3484, spricht von dem Beginn unbewusster Schmerzempfindungen schon „in den ersten zwölf Wochen" und von einer zunehmenden Wahrscheinlichkeit bewußter Schmerzempfindung ab der 22. Woche; eine bewusste Schmerzempfindung wird aber wohl allgemein erst ab der 22. Woche für möglich gehalten.

[82] Kritisch wie hier *Schroth*, Forschung (Fn. 42), S. 177; *H. Sendler*, Menschenwürde, PID und Schwangerschaftsabbruch, in: NJW 2001, S. 2148 ff. (2149 f.); *F. Hufen*, Präimplantationsdiagnostik aus verfassungsrechtlicher Sicht, in: MedR 2001, S. 440 ff. (449); *W. Würfel*, Euphemismus (Leserbrief), in: DÄBl. 2000, S. A 1132 f. (teils mit Bezug auf PID).

[83] So aber *Däubler-Gmelin*, FAZ-Interview (Fn. 68), S. 52; *Vogel*, FAZ-Interview (Fn. 68), S. 44; *Rau*, Mensch (Fn. 60), S. 45; *T. Neuer-Miebach*, Begrenzung, in: SZ Nr. 123 v. 30.5.2001, S. 18; *R. Kollek*, Mein Bruder, wo bist du?, ebenda.

[84] Zu diesem ebenso schlichten wie gern übersehenen oder in der politischen Diskussion bewußt vernachlässigten Punkt siehe etwa *W. Heun*, in: Dreier, Grundgesetz-Kommentar I (Fn. 18), Art. 3 Rn. 16 m.w.N.: „Im Unterschied zu der Identität setzt die Gleichheit Verschiedenheit voraus"; *G. Dürig*, in: T. Maunz/G. Dürig (Hrsg.), Grundgesetz, Art. 3 Abs. 1 (1973), Rn. 1; *S. Huster*, Rechte und Ziele. Zur Dogmatik des allgemeinen Gleichheitssatzes, 1993, S. 30: „Auf der einen Seite sind unterschiedliche Sachverhalte nie in allen ihren Eigenschaften gleich, weil es dann eben keine unter-

letztlich wesentlichen Punkt, der Existenz embryonalen Lebens und dessen Schutz, eine prinzipiell vergleichbare Konstellation gegeben ist.

d) Stellen wir einen entsprechenden Vergleich an, so zeigt sich, dass eine Sondersituation ohne Zweifel bei der sog. medizinischen Indikation vorliegt[85], weil hier das Leben der schwangeren Frau gegen das Leben des Embryos bzw. Fötus steht[86]. Die anderen Indikationen und vor allem die derzeit faktisch gültige Fristenlösung mit Beratungspflicht haben einen vergleichbar existentiellen Konflikt allerdings nicht zur Voraussetzung.

Lassen wir die besonders gelagerten Fälle der kriminologischen und bis zum 1.10.1995 noch ausdrücklich geregelten embryopathischen Indikation[87] beiseite und nehmen allein den (auch statistisch gesehen) „Nor-

---

schiedlichen Sachverhalte wären; sie wären vielmehr identisch, d.h. nur noch ein Sachverhalt und damit nicht mehr vergleichbar"; *G. Radbruch*, Rechtsphilosophie, Studienausgabe, Nachdruck der 3. Auflage von 1932, hrsgg. v. R. Dreier und S. L. Paulson, 1999, § 4, S. 37 (Original S. 32/33): „Gleichheit ist immer nur Abstraktion von gegebener Ungleichheit unter einem bestimmten Gesichtspunkte."

[85] Ganz streng genommen könnte man natürlich auch hier noch einmal nachfragen: denn wenn dem ungeborenen und gar dem frühembryonalen Leben der gleiche Würde- und Lebensschutz wie geborenen Personen zukommt, wie die Kritiker sagen, dann ist nicht von vornherein selbstverständlich, dass bei einem Konflikt die Entscheidung immer und ausnahmslos zuungunsten des ungeborenen Lebens ausfällt. Niemand dürfte aber ernstlich daran zweifeln, dass die Entscheidung zugunsten der Schwangeren und gegen das Ungeborene die richtige und einzig akzeptable ist. So zeigt sich einmal mehr: wer dem Unterschied zwischen geborenem und ungeborenem Leben „keine Bedeutung zumisst, ist verblendet oder dumm" (*R. Schröder*, Die Forschung an embryonalen Stammzellen, Ms. 2002, S. 9).

[86] Konsequenterweise wird diese Konstellation daher von der katholischen Kirche als einziger Strafbefreiungsgrund für einen sonst nach c. 1398 CIC mit Exkommunikation latae sententiae bestraften Schwangerschaftsabbruch angesehen. Diese Strafbefreiung erfolgt nach c. 1323 4° (*K. Lüdicke*, in: ders. [Hrsg.], Münsterischer Kommentar zum Codex Iuris Canonici, Can. 1323 [1992], Rn. 12); für Beschränkung auf medizinische Indikation auch einige Stimmen in der verfassungsrechtlichen Literatur (*G. Dürig*, in: Maunz/Dürig, Grundgesetz [Fn. 84], Art. 2 Abs. 2 [1958], Rn. 21 ff.) und der Politik (sog. Werner-Entwurf, BT-Drs. 12/1179; zu beiden *Dreier*, Menschenwürdegarantie [Fn. 31], S. 1040 m. Fn. 22). Genau diese Position war und ist aber nicht mehrheitsfähig.

[87] Die kriminologische Indikation ist nach wie vor in § 218a Abs. 3 StGB geregelt, die embryopathische durch Gesetz vom 21.8.1995 (BGBl. I S. 1050) als explizit geregelter Tatbestand aufgehoben und der Sachverhalt faktisch der medizinischen Indikation zugeschlagen worden. Seitdem gibt es keine getrennte statistische Erfassung der beiden ganz unterschiedlichen Sachverhalte mehr: im einen Fall ist der nasciturus gesund, aber das Leben oder die Gesundheit der Mutter gefährdet, im anderen ist die Mutter gesund,

malfall" des Schwangerschaftsabbruchs[88] in den Blick, so zeigt sich die fehlende Überzeugungskraft des Sondersituations-Argumentes vor allem darin, dass es offenbar nur bis zur zwölften Woche gilt. Denn während davor eine Abtreibung nach Beratung allein auf Grund der Entscheidung der Schwangeren möglich war, wird ihr die Austragung des Fötus *danach* auch gegen ihren Willen zugemutet, wenn nicht die genannten besonderen Indikationen vorliegen. Damit entfällt auch das Argument, wegen der symbiotischen Verbindung der Leibesfrucht mit der Schwangeren „erreiche" das Strafrecht diese nicht[89] und könne folglich nicht zum Einsatz kommen. Denn nach Ablauf von zwölf Wochen kommt es plötzlich (seltsamerweise!) zum Einsatz[90]. Warum nicht vorher? Was hat sich geändert? Die Erklärung für die (natürlich normativ fixierte und insofern immer „willkürlich" anmutende Zäsur) kann nur lauten: Es ist etwas gewachsen. Das werdende Leben im Mutterleib hat sich weiter entwickelt, ist dem Zeitpunkt der Geburt, von dem an das individuelle Lebensrecht ohne die vorgeburtlichen Einschränkungsmöglichkeiten gilt, ein Stück näher gerückt. Anders gesagt: das Lebensrecht des Ungeborenen ist gewachsen und wird demgemäß unter stärkeren rechtlichen Schutz gestellt[91]. Entgegen der von den Vertretern eines

---

aber der nasciturus auf das Schwerste behindert. Weitere Folge: während die embryopathische Indikation bis 1995 eine Frist von 22 Wochen (Überlebensfähigkeit des Fötus außerhalb des Mutterleibes) vorsah, ist diese nun entfallen mit der Folge sog. „Spätabtreibungen". Vgl. dazu BT-Drs. 14/1045.

[88] So betrug die Quote der im Jahre 2000 nach der Beratungsregel vorgenommenen, gemeldeten Schwangerschaftsabbrüche 97%, vgl. BT-Drs. 14/6635, S. 2.

[89] *Vogel*, FAZ-Interview (Fn. 68), S. 44; *Däubler-Gmelin*, FAZ-Interview (Fn. 68), S. 52. Oft wird das auch in die Worte gekleidet, der Schutz des ungeborenen Lebens sei nur *mit* der Schwangeren möglich, *nicht gegen* sie. Auch dieser Satz gilt aber ganz offenkundig und merkwürdigerweise nur für die ersten zwölf Wochen. Übrigens ähneln sich hier die Rechtsregeln vieler westlicher Staaten stark; vgl. A. *Eser*, Das geltende Recht des Schwangerschaftsabbruchs, in: ders./Koch (Fn. 29), S. 95 ff. (146 f., 149, 163 f., 167 f.), insb. ebenda die tabellarischen Übersichten auf S. 181 f.

[90] Wie hier *Hoerster*, Ethik (Fn. 21), S. 56.

[91] Die bis zum 1.10.1995 geltende besondere Regelung der embryopathischen Indikation sah mit der 22. Woche eine weitere bezeichnende Zäsur vor: denn ungefähr ab diesem Zeitpunkt ist der nasciturus außerhalb des Mutterleibes lebensfähig. Laut BT-Drs. 14/1045, S.13 können Kinder mit einem Schwangerschaftsalter von etwa 22 bis 24 Wochen überleben. So auch „Erklärung zum Schwangerschaftsabbruch nach Pränataldiagnostik" der Bundesärztekammer, DÄBl. 1998, S. A 3015. – *Neidert*, Zunehmendes Lebensrecht [Fn. 28], S. A 3484) gibt als Zeitpunkt für eine mögliche extrauterine Lebensfähigkeit bereits die 20. bis 22. Schwangerschaftswoche an.

strikten Embryonenschutzes immer wieder vertretenen These vom vollen Lebens- und Würdeschutz „von Anfang an" zeigt sich hier wie an vielen anderen Beispielen, dass unserer Rechtsordnung wie im übrigen auch der zahlreicher anderer westlicher Verfassungsstaaten das Konzept eines sukzessive größer werdenden, vorgeburtlich abgestuften Lebensrechtes zugrunde liegt[92], ja ihr gleichsam „eingeschrieben" ist[93].

e) Insgesamt ergibt sich also, dass die These von der „Unvergleichbarkeit" der Embryonenforschung mit der Rechtslage gemäß §§ 218 ff. StGB wegen der dort gegebenen „Sondersituation" nicht trägt[94]. Wie widersprüchlich die derzeit geltenden Regelungen sind, zeigt sich nicht allein daran, dass die Tötung ungeborenen Lebens im fortgeschrittenen Stadium von bis zu zwölf Wochen nach Beratung und ohne weitere Indikation zulässig ist und pro Jahr in Deutschland mehr als 130.000 Mal vorgenommen wird[95], die Forschung an „überzähligen" Embryonen, von denen es in Deutschland weniger als 100 gibt und die sich im pränidativen Stadium der ersten drei bis vier Tage befinden, aber kategorisch und

---

[92] Deutlich *Hoerster*, Ethik (Fn. 21), S. 56 f. nach ausführlicher Erörterung der hier nur angedeuteten Punkte: „All diese Gesichtspunkte lassen eigentlich nur einen einzigen Schluss zu: Unser Gesetzgeber und das Bundesverfassungsgericht wie ein Großteil der öffentlichen Meinung sind nicht wirklich davon überzeugt, dass dem Embryo im Frühstadium dasselbe Recht auf Leben zusteht wie dem Embryo im Spätstadium oder gar wie dem menschlichen Individuum nach der Geburt."

[93] Wobei besondere Betonung auf das Adjektiv „vorgeburtlich" zu legen ist. Entgegen gelegentlich zu hörenden Befürchtungen hat die (der Rechtsordnung ja, wie gezeigt, innewohnende) Stufung des Lebensschutzes *vor* der Geburt keine Relativierung des Lebensrechtes *nach* der Geburt, etwa im Alter oder bei Gebrechlichkeit, zur Folge. In keinem der zivilisierten Staaten, die Schwangerschaftsabbruch und Embryonenforschung zulassen, besteht irgendein Zweifel am uneingeschränkten Lebensrecht lebender (i.S.v.: geborener) Personen. – Die in Deutschland heftig diskutierte Sterbehilfe-Gesetzgebung in den Niederlanden und in Belgien zielt (in vielleicht anfechtbarer Weise) auf die Ermöglichung eines frei gewählten Todes für Schwerstkranke, also auf die Respektierung ihres Willens.

[94] Besonders scharf *Hoerster*, Ethik (Fn. 21), S. 51, der die Rede von der Unvergleichbarkeit „eine bloße Phrase" nennt. Kritisch auch *Sendler*, Menschenwürde (Fn. 82), S. 2148 f.

[95] So waren es 2000 laut Statistischem Bundesamt 134 609 gemeldete Schwangerschaftsabbrüche (Zunahme gegenüber 1999 um drei Prozent), hier zitiert nach BT-Drs. 14/6635, S. 2. – Notabene: es sind dies die offiziellen, aufgrund Meldung und statistischer Erfassung vorliegenden Zahlen. Die Dunkelziffer dürfte aber nach wie vor nicht unbeträchtlich sein.

ausnahmslos verboten ist. Die Widersprüchlichkeit wird auch am Gewicht der in Rede stehenden kollidierenden Rechtsgüter deutlich. Denn die für die Embryonenforschung ins Feld zu führenden Rechtsgüter sind keineswegs geringwertiger als jene, die eine Abtreibung oder die Verwendung nidationshemmender Mittel rechtfertigen. Den letztgenannten Fall wird man ohnehin kaum als Ausdruck einer Konfliktsituation, sondern lediglich als bestimmte Art der Empfängnisverhütung zu begreifen haben. Beim Schwangerschaftsabbruch nach Beratung ist die Entscheidung letztlich allein in die Hand der Frau gelegt. Zweifelsohne wird hier oft ein schwerer, als existentiell empfundener Konflikt vorliegen. Nicht selten geben in diesem Falle aber auch bestimmte Lebensführungsstrategien, gewisse lang- oder auch kurzfristige Pläne oder sonstige Präferenzen den Ausschlag für die Abtreibung, denen das volle Gewicht einer existentiellen Entscheidung fehlt[96]. Im Unterschied zu derartigen privaten Motivationen kann (und muss!) sich die Embryonenforschung auf die normtextlich vorbehaltlos gewährte Forschungsfreiheit und in ihrer medizinischen Heilperspektive auf die Erfüllung der staatlichen Schutzpflicht aus Art. 2 Abs. 2 Satz 1 GG stützen, also auf Verfassungsgüter von unbestreitbar hohem Rang.

4. Schlußfolgerungen für die Forschung an „überzähligen" Embryonen

Nach den bisherigen Darlegungen können wir drei Punkte festhalten. Zum einen ist der Beginn des grundrechtlich geschützten menschlichen Lebens nicht zwingend auf den Zeitpunkt der Verschmelzung von Samen- und Eizelle zu terminieren; andere, nicht weniger evidente Zäsuren wie etwa der Abschluss der Nidation und der ungefähr phasengleich erfolgende Aus-

---

[96] *Hoerster*, Ethik (Fn. 21), S. 49 ff.; deutlich auch *Sendler*, Menschenwürde (Fn. 82), S. 2149; *M. Frommel*, Taugt das Embryonenschutzgesetz als ethisches Minimum gegen Versuche der Menschenzüchtung?, in: KritJ 33 (2000), S. 341 ff. (345): „Die Frage, ob die werdende Mutter die mit der Mutterschaft verbundenen Pflichten autonom übernimmt oder nicht, wird de facto der Frau überlassen …". – Vgl. auch Deutsche Bischofskonferenz (Hrsg.), Menschenwürde und Menschenrechte von allem Anfang an. Gemeinsames Hirtenwort der deutschen Bischöfe zur ethischen Beurteilung der Abtreibung vom 26. September 1996, 1996, S. 5: „dass man zwar grundsätzlich am Wert des ungeborenen Kindes festhält, ihm aber im konkreten Fall andere, nachgeordnete Gesichtspunkte, etwa eine materielle oder seelische Notlage oder das Selbstbestimmungsrecht der Frau, vorordnet".

schluss der Mehrlingsbildung sind ebenso plausibel, wenn nicht überzeugender. Zweitens sind Einschränkungen des Lebensrechtes, wie der Gesetzesvorbehalt des Art. 2 Abs. 2 Satz 3 GG sie vorsieht, nicht auf die Standardfälle Nothilfe, finaler Rettungsschuss, Militäreinsätze oder vergleichbare Konflikte, bei denen Leben gegen Leben steht, beschränkt. Entsprechende Höchstanforderungen gelten für das Verhältnis geborener Personen untereinander, nicht aber für das ungeborene Leben. Vielmehr greift hier (dies der dritte Punkt), wie sich insbesondere an der Rechtslage beim Schwangerschaftsabbruch in Deutschland und vielen vergleichbaren Staaten zeigen lässt, das Konzept eines gestuften vorgeburtlichen Lebensschutzes, der mit dem Wachstumsprozess von Embryo und Fötus an Stärke und Intensität zunimmt. Dem deutschen Gesetzgeber ist daher durch Art. 2 Abs. 2 GG nicht untersagt, die derzeit geltenden strengen Regelungen des Embryonenschutzgesetzes zu lockern[97].

Das gilt namentlich und insbesondere für das in Deutschland geltende strikte Verbot der Forschung an den sog. überzähligen Embryonen. Hier ist über alles bisher Dargelegte hinaus von Belang, dass ihnen schon „die äußeren Voraussetzungen dafür [fehlen], dass aus ihnen ein Mensch hervorgehen kann"[98]. Diesen Befund negierende Vorschläge einer „Präimplantationsadoption"[99] muten eher akademisch an und erscheinen praktisch wenig aussichtsreich, zumal sie wegen des derzeitigen Verbots der Leihmutterschaft eine Änderung der insofern gut begründeten Rechtslage erforderten. Die letztlich ohnehin recht fragwürdige Vorstellung der „Adoption" eines Embryos etwa im Stadium eines 64-Zellers müsste zudem das Problem des Generationensprunges berücksichtigen und könnte die Frage der Verwendung geschädigter Embryonen nicht lösen. Aus allen diesen Gründen werden entsprechende Vorschläge weder rechtspolitischen noch würden sie praktischen Erfolg haben. Es bleibt vielmehr dabei, dass es bei den

---

[97] So bereits *Dreier* (Fn. 27), Art. 1 I Rn. 62; siehe jetzt *Kloepfer*, Humangentechnik (Fn. 21), S. 424 ff.; *Heun*, Embryonenforschung (Fn. 34), S. 523 – alle m.w.N.

[98] So das Positionspapier der Schweizer Akademie (Fn. 44), S. 4; ähnlich *Anselm u. a.*, Pluralismus (Fn. 17), S. 8.

[99] Aus der Literatur etwa *W. Höfling*, Zygote – Mensch – Person, in: FAZ Nr. 157 v. 10.7.2001, S. 8; *ders.*, Gutachten (Fn. 24), S. 177 ff.; *Keller*, Beginn (Fn. 42), S. 134; *C. Starck*, Hört auf, unser Grundgesetz zerreden zu wollen, in: FAZ Nr. 124 v. 30.5.2001, S. 55; ausdrücklich dagegen *Schröder*, Forschung (Fn. 85), Ms. S. 12 f. – *Isensee*, Status (Fn. 21), S. 73 sieht in der Embryonenadoption einen Verstoß gegen das „Sittengesetz" und hält es für menschenwürdeverträglicher, die überzähligen Embryonen sterben zu lassen.

überzähligen Embryonen angesichts der Ausweglosigkeit ihrer Lage[100] keine reale Schutzmöglichkeit gibt, da die Alternative zur Forschung an ihnen in der endlosen Fortsetzung ihrer Kryokonservierung läge. Aus allen diesen Gründen erscheint jedenfalls hier die Zulässigkeit der Embryonenforschung nicht nur ethisch-moralisch, sondern auch und gerade verfassungsrechtlich gut begründbar[101].

IV. Zur Argumentation mit der Menschenwürde

Von der in Art. 1 Abs. 1 GG garantierten Menschenwürde war bislang noch nicht die Rede, obwohl sie – zumindest phasenweise – ganz im Vordergrund der Debatte gestanden hat[102]. Das hatte seinen Grund vor allem darin, dass Lebensschutz und Menschenwürdegarantie gleichsam konfundiert, also ineinanderprojiziert oder gleich identifiziert wurden. Insoweit ist aber zunächst klarzustellen, dass Lebensschutz und Menschenwürde zweierlei und daher zu entkoppeln sind (dazu 1.). Letztlich kaum überwindbare Hürden bereitet es zudem unabhängig davon, den Embryo ohne religiöse oder weltanschauliche Implikationen bereits im pränidativen Stadium als Träger der Menschenwürdegarantie anzusehen (2.). Selbst wenn man dies bejahen

---

[100] Deutlich *Schröder*, Forschung (Fn. 85), Ms. S. 12: „Hier lautet die Alternative kurz und erschöpfend: vernichten oder an einigen von ihnen forschen." – In der Schweiz ist die Vernichtung ausdrücklich vorgeschrieben, in Deutschland wirft die Kryokonservierung ad infinitum nur neue unlösbare Fragen auf.

[101] Vgl. *Hofmann*, Gentherapie (Fn. 55), S. 258; *Dreier* (Fn. 27), Art. 1 I Rn. 59 ff., 62 m.w.N.; *Schroth*, Forschung (Fn. 42), S. 178 f.; *J. Taupitz* in einem Interview („Ein Importverbot wäre verfassungswidrig") in der Zeit Nr. 28 v. 5.7.2001, S. 26, vgl. auch *dens.*, Der rechtliche Rahmen des Klonens zu therapeutischen Zwecken, in: NJW 2001, S. 3433 ff. (3437 ff.); *Ipsen*, Status (Fn. 14), S. 996; *Kloepfer*, Humangentechnik (Fn. 21), S. 424 ff.; auch *Keller*, Beginn (Fn. 42), S. 134 f. und *Anselm u. a.*, Pluralismus (Fn. 17), S. 8, halten die Möglichkeit einer Forschung an überzähligen Embryonen unter bestimmten Voraussetzungen, soweit eine Übertragung nicht mehr in Betracht kommt, für denkbar.

[102] Dies auch deshalb, weil die Berufung auf die angeblich verletzte Menschenwürde nicht selten leerformelhaft verläuft; so eingesetzt, sagt das dann nur noch aus, dass derjenige, der sie ins Feld führt, einen bestimmten Standpunkt in der bioethischen Debatte stark machen und mit großem rhetorischen Nachdruck vertreten will. Zur Kritik an einer solchen Verwendung *Hoerster*, Ethik (Fn. 21), S. 11 ff., 19 ff.

würde, müsste man aber fragen, worin die spezifische Würdeverletzung der Tötung läge (3.).

1. Entkoppelung von Menschenwürdegarantie und Lebensrecht

Der Gefahr der Identifizierung und unvermittelten Verknüpfung von Lebensschutz und Menschenwürde hat vor allem das Bundesverfassungsgericht mit der bekannten und vielzitierten Sentenz aus dem ersten Abtreibungsurteil Vorschub geleistet: „Wo menschliches Leben existiert, kommt ihm Menschenwürde zu"[103]. Das ist, wie Hasso Hofmann einmal bemerkt hat, „gewiss ein schöner, aber schwerlich auch ein wohldurchdachter Satz"[104]. Er darf vor allem nicht zu der Annahme führen, eine Menschenwürdeverletzung sei stets mit einer Verletzung des Lebensrechtes verbunden und umgekehrt. Vielmehr sind beide Normen, Menschenwürdegarantie und Lebensrecht, zu entkoppeln[105]. Man kann diese Notwendigkeit unschwer daran demonstrieren, dass ein Eingriff in das Lebensrecht, also eine Tötung, keineswegs zwingend mit einer Verletzung der Menschenwürde verknüpft ist, wie etwa die Nothilfe-Fälle zeigen. Umgekehrt ist eine Verletzung der Menschenwürde regelmäßig gerade nicht mit der Tötung des

---

[103] BVerfGE 39, 1 (41). In BVerfGE 88, 203 (252) hieß es dann 18 Jahre später nach Wiederaufnahme jener Sentenz noch grundsätzlicher, aber auch noch dunkler: „Diese Würde des Menschseins liegt auch für das ungeborene Leben im Dasein um seiner selbst willen." – *Lorenz*, Garantie (Fn. 24), S. 43 f. weist zu Recht darauf hin, dass auch BVerfGE 49, 89 (132) eine solche Konfundierung vornimmt.

[104] *Hofmann*, Pflicht (Fn. 33), S. 118, der seine Kritik wie folgt begründet: „Denn wenige Seiten später heißt es dann unter zutreffendem Hinweis auf die wechselvolle geschichtliche Entwicklung der Abtreibungsregelungen, der Gesetzgeber sei ‚grundsätzlich' (!) nicht verpflichtet, das ungeborene Leben strafrechtlich genauso zu schützen wie das geborene (a.a.O. S. 45). Kann es denn zweierlei Grade von Menschenwürde geben – so wie andererseits unbeschadet aller Abgrenzungsschwierigkeiten unzweifelhaft verschiedene Entwicklungsphasen des menschlichen Lebens zu erkennen sind?"

[105] Dazu näher *P. Lerche*, Verfassungsrechtliche Aspekte der Gentechnologie, in: R. Lukes/R. Scholz (Hrsg.), Rechtsfragen der Gentechnologie, 1986, S. 88 ff. (104 ff., 108); *U. Steiner*, Der Schutz des Lebens durch das Grundgesetz, 1992, S. 13; *H. Hofmann*, Die versprochene Menschenwürde, in: AöR 118 (1993), S. 353 ff. (361, 376); *Dreier*, Menschenwürdegarantie (Fn. 31), S. 1037 ff. m.w.N.; eingehend *E. Schmidt-Jortzig*, Systematische Bedingungen der Garantie unbedingten Schutzes der Menschenwürde in Art. 1 GG, in: DÖV 2001, S. 925 ff. (926 ff.); siehe auch *Heun*, Embryonenforschung (Fn. 34), S. 518.

Betroffenen verbunden, wie man sich an Fällen der Sklavenhaltung oder der Folter verdeutlichen mag. Dies schließt natürlich nicht aus, in einer Tötung ungeborenen oder gar pränidativen menschlichen Lebens auch und zugleich eine Würdeverletzung zu sehen. Nur bedarf dies einer näheren Begründung[106]. Sie müsste zweierlei dartun: zum einen zeigen, dass Träger der Menschenwürdegarantie auch das ungeborene und sogar das frühembryonale Leben ist (2.), und ferner, dass in der Tötungshandlung eine Würdeverletzung liegt (3.).

2. Zum personalen Träger der Menschenwürdegarantie

Von ihrer ideengeschichtlichen Herkunft wie ihrer verfassungsgeschichtlichen Genese her[107] ist die Menschenwürdegarantie bezogen auf geborene Personen[108]. Auch die konkrete historische Stoßrichtung zeigt, dass es um die Verletzung von Mindeststandards der Humanität, um Folter, Stigmatisierung, Deportation, KZ-Haft und ähnliches ging. Mit Nachdruck sollte festgehalten werden, dass die unter uns lebenden Menschen nicht wie Tiere oder „Untermenschen" behandelt werden dürfen. An den Schutz des ungeborenen oder gar des pränidativen Lebens gegen den Willen der Eltern war nicht gedacht.

---

[106] Sie wird weder in BVerfGE 39, 1 noch in BVerfGE 88, 203 gegeben. Das verwundert auch nicht. Denn hätte das Gericht in beiden Fällen aus seinen zu Beginn der Urteilsbegründung aufgestellten grundsätzlichen Aussagen zur Menschenwürde des ungeborenen Lebens handfeste Konsequenzen gezogen, so hätte – ganz im Sinne der Auffassung Günter Dürigs oder der katholischen Kirche – nur die medizinische Indikation Bestand haben können. Bekanntlich hat das Gericht aber im ersten Urteil verschiedene Indikationen, darunter auch die soziale, zugelassen, im zweiten sogar den Übergang auf ein anderes Schutzkonzept gebilligt. Die innere Widersprüchlichkeit des Judikatur ist oft analysiert worden: vgl. nur *A. Eser*, Aufbruch zu neuem Weg. Halt auf halber Strecke, in: KritV 76 (1993), S. 132 ff.; *Hermes/Walther*, Schwangerschaftsabbruch (Fn. 75), S. 2337 ff.; *N. Hoerster*, Das „Recht auf Leben" der menschlichen Leibesfrucht – Rechtswirklichkeit oder Verfassungslyrik?, in: JuS 1995, S. 192 ff.; *Dreier*, Menschenwürdegarantie (Fn. 31), S. 1039 f.

[107] Zu beidem im Überblick *Dreier* (Fn. 27), Art. 1 I Rn. 1 ff., 17 ff.

[108] *Dreier* (Fn. 27), Art. 1 I Rn. 21, 47 ff.; *Lorenz*, Garantie (Fn. 24), S. 42; *Dederer*, Menschenwürde (Fn. 51), S. 10. – Dass ihnen ausnahmslos und ohne Einschränkung Menschenwürde zukommt, ist in der verfassungsrechtlichen Literatur im Grunde unbestritten. Für den Bereich der Sozialphilosophie lässt sich dies nicht ohne weiteres behaupten, was hier aber dahinstehen kann.

Gleichwohl schließt das nicht von vornherein aus, auch dem Embryo im frühesten Stadium eine personale Würde „zuzusprechen". Das ließe sich, wenn man die Versuche einer über die Verletzungshandlungen hinausgehenden positiven Bestimmung einmal durchmustert[109], vor allem mit Hilfe der sog. „Mitgifttheorie"[110] in ihrer christlichen Variante begründen. Diese stellt vor dem Hintergrund der imago-Dei-Vorstellung auf die besondere Auszeichnung des Menschen in der Schöpfungsordnung ab und vermag – freilich vor dem Hintergrund einer insofern sehr bewegten Dogmengeschichte – im ungeborenen Leben, ja bereits in der Zygote den göttlichen Funken personaler Existenz und Würde zu erkennen[111]. Freilich sind im säkularen Staat bestimmte Glaubenssätze einer religiösen Gemeinschaft nicht geeignet, dominanten Einfluss auf das Verständnis einer so zentralen Norm wie der Menschenwürde in einer so umstrittenen Frage wie der nach Schwangerschaftsabbruch und Embryonenforschung auszuüben – einmal abgesehen davon, dass die Aussagen der christlichen Kirchen und ihrer Theologen sich bezüglich der Konsequenzen für die hier traktierte bioethische Frage ohnehin pluralistisch auffächern und andere Religionen wie Judentum oder Islam bezüglich des vorgeburtlichen Lebens ganz anderen Vorstellungswelten folgen.

Man greift zur Stützung des gewünschten Ergebnisses, auch vorgeburtliches und frühembryonales Leben als von der Menschenwürdegarantie des Grundgesetzes umfasst anzusehen, allerdings nicht nur auf religiöses, sondern oft auch auf originär philosophisches Gedankengut der Aufklärung zurück. Als Kronzeuge gilt[112] Kant, dessen einschlägig anmutende Sentenzen über Person, Würde und Preis von vielen Diskutanten unermüdlich

---

[109] Zu den im folgenden angesprochenen Menschenwürdetheorien siehe *Dreier* (Fn. 27), Art. 1 I Rn. 40 ff.

[110] Diese plastische Bezeichnung stammt von *Hofmann,* Menschenwürde (Fn. 105), S. 357, 361 f.

[111] Enzyklika Evangelium Vitae von Papst Johannes Paul II. vom 25. März 1995 (Verlautbarungen des Apostolischen Stuhls 120), 1995, Nr. 43 (S. 53 f.), Nr. 44 f. (S. 55 ff.), Nr. 60 f. (S. 74 ff.); Deutsche Bischofskonferenz (Hrsg.), Der Mensch: sein eigener Schöpfer? Wort der Deutschen Bischofskonferenz zu Fragen von Gentechnik und Biomedizin vom 7. März 2001, 2001, S. 5.

[112] *Starck,* Grundgesetz (Fn. 99), S. 55; *ders.,* Der kleinste Weltbürger, in: FAZ Nr. 96 v. 25.4.2002, S. 50; *R. Spaemann,* Wer jemand ist, ist es immer, in: FAZ Nr. 68 v. 21.3.2001, S. 65; *E.-W. Böckenförde* in einem Interview (Das Tor zur Selektion ist geöffnet) in der SZ Nr. 112 v. 16.5.2001, S. 11.

wiederholt werden[113]. Jedoch liegt, soweit Kants Personenbegriff als ausschlaggebend betrachtet und dieser auf vorgeburtliches Leben bezogen wird, wohl eine schlichte Fehlinterpretation vor[114]. Außerdem scheint kaum einer der staatsrechtlichen Autoren, die sich ansonsten in der Frage der Interpretation der Menschenwürdegarantie gern und in wachsender Zahl auf Kant berufen, eine Klärung oder Erläuterung für nötig zu halten, dass die einschlägigen Passagen sämtlichst nicht aus Kants Rechtslehre (dem ersten Teil der „Metaphysik der Sitten"), sondern ausschließlich aus der Tugendlehre (deren zweitem Teil) oder der älteren „Grundlegung zur Metaphysik der Sitten" stammen. Dabei sollte eigentlich klar sein, dass es einen großen Unterschied macht, ob es um die moralisch-ethische Bewertung individuellen Handelns oder um die Frage einer für alle verbindlichen und vielleicht sogar strafbewehrten staatlichen Rechtsnorm geht[115]. Kant selbst hat dafür mit seiner epochemachenden Unterscheidung zwischen Legalität und Moralität den noch heute tragenden Grund gelegt.

Eine andere Theorie zur Bestimmung der Menschenwürde, diejenige von Niklas Luhmann, gibt für unsere Frage nichts her, weil ihr zufolge Würde eine erst zu erbringende Leistung ist, zu der Embryonen naturgemäß nicht fähig sind[116]. Die Kommunikationstheorie Hasso Hofmanns wiederum stellt stärker als andere Ansätze auf die staatsstrukturelle Seite der Menschenwürdegarantie und ihre Verwurzelung im Gedanken mitmensch-

---

[113] *I. Kant,* Grundlegung zur Metaphysik der Sitten (1785), Zweiter Abschnitt (Akademieausgabe Bd. IV, S. 434 f., 439 f.); *ders.,* Die Metaphysik der Sitten. Zweiter Teil: Metaphysische Anfangsgründe der Tugendlehre (1797), §§ 9, 11, 38, 39 (Akademieausgabe Bd. VI, S. 429, 434 f., 462 f.).

[114] Siehe vor allem die Hinweise von *V. Gerhardt,* Der Mensch wird geboren. Kleine Apologie der Humanität, 2001, S. 22 ff.; ferner *K. Seelmann,* Recht und Rechtsethik in der Fortpflanzungsmedizin, in: recht 1996, S. 240 ff. (246): „Kants Mediationsverbot betrifft den Menschen als selbstgesetzgebendes Vernunftwesen im Verhältnis zu anderen solchen Wesen und nicht schon die in ihren biologischen Möglichkeiten angelegte Vernunft."

[115] Das wird freilich nicht immer mit der Deutlichkeit gesehen, wie sie *Seelmann,* Recht (Fn. 114), S. 247 in vorbildlicher Weise demonstriert: „Vielleicht ist das wichtigste Resultat dann aber dieses: dass die juristische Lösung des Problemfelds keineswegs konform gehen muss mit der moralischen. Selbst wenn eine Mehrheit der Bevölkerung starke *moralische* Bedenken gegen bestimmte Vorgehensweisen der Fortpflanzungsmedizin hätte, wäre dies allein noch keine hinreichende Legitimation für eine *rechtliches* Verbot, d.h. einen zwangsweise durchsetzbaren staatlichen Eingriff in die Freiheitsrechte von Individuen." (Hervorhebungen i.O., H.D.)

[116] Vgl. *Dreier* (Fn. 27), Art. 1 I Rn. 42, 50.

licher Solidarität in einer konkreten Anerkennungsgemeinschaft ab; ihr zufolge sind zwar alle, die schon oder noch unter uns sind, unabhängig von ihren je aktuellen Fähigkeiten zum Kreis der Menschenwürdeträger zu zählen, keinesfalls aber Embryonen vor der Nidation[117]. Insgesamt zeigt sich, dass embryonales Leben im frühesten Entwicklungsstadium wohl nur bei Zugrundelegung einer bestimmten Interpretation christlichen Gedankengutes jüngeren Datums[118] als Träger der Menschenwürdegarantie angesehen werden kann.

3. Zum Vorliegen einer Menschenwürdeverletzung

Gleichwohl kann man zur Abrundung des Fragenkreises auch die Blastozyste vor der Einnistung in den Uterus einmal hypothetisch als von Art. 1 Abs. 1 GG umfasst ansehen. Das (erst) erlaubt nämlich die angesichts der oben erläuterten Entkoppelung von Lebensschutz und Menschenwürde eigenständig zu beantwortende Frage, ob in der Verwendung überzähliger Embryonen zur Forschungszwecken eine *Verletzung* der Menschenwürde zu sehen ist[119].

Als probater Lackmus-Test für die Antwort auf diese Frage gilt die von Günter Dürig geprägte Objektformel[120], welche letztlich auf Kants These vom Instrumentalisierungsverbot[121] zurückgeht und mit ihr eng zusammen-

---

[117] Vgl. *Dreier* (Fn. 27), Art. 1 I Rn. 43, 50.

[118] Doch auch heute herrscht unter Theologen im allgemeinen und protestantischen im besonderen insofern Pluralität: vgl. *Anselm u. a.*, Pluralismus (Fn. 17), S. 8.

[119] Hier fehlt es in der Literatur oft an einer eigenständigen Begründung: siehe etwa *Huster*, Abwägung (Fn. 59), S. 419; *Kloepfer*, Humangentechnik (Fn. 21), S. 422.

[120] Danach ist die Menschenwürde verletzt, wenn „der konkrete Mensch zum Objekt, zu einem bloßen Mittel, zur vertretbaren Größe herabgewürdigt" wird (*G. Dürig*, Der Grundrechtssatz von der Menschenwürde, AöR 81 [1956], S. 117 ff [127]). Siehe dazu *Dreier* (Fn. 27), Art. 1 I Rn. 39 m.w.N.

[121] Die berühmten Formulierungen Kants lauten: „Allein der Mensch, als Person betrachtet, d.i. als Subject einer moralisch-praktischen Vernunft, ist über allen Preis erhaben; denn als ein solcher (homo noumenon) ist er nicht blos als Mittel zu anderer ihren, ja selbst seinen eigenen Zwecken, sondern als Zweck an sich selbst zu schätzen, d.i. er besitzt eine Würde (einen absoluten innern Werth), wodurch er allen andern vernünftigen Weltwesen Achtung für ihn abnöthigt, sich mit jedem Anderen dieser Art und auf den Fuß der Gleichheit schätzen kann" (*I. Kant*, Die Metaphysik der Sitten. Zweiter Teil: Metaphysische Anfangsgründe der Tugendlehre [1797], § 11 [Akademieausgabe Bd. VI, S. 434, 435]); ebd., § 38: „Die Menschheit selbst ist eine Würde; denn der

hängt. Freilich ist weder zu verkennen, dass die Objektformel eine tendenziell tautologische Struktur aufweist (Menschen*würde* ist verletzt, wenn der Mensch herab*gewürdigt* wird)[122], noch, dass das Verbot der Instrumentalisierung anderer Personen vor der Gefahr der Leerformelhaftigkeit[123] nicht gefeit ist. Das liegt nicht zuletzt daran, dass wir in unserem täglichen Leben permanent andere zumindest *auch* als Objekt behandeln und somit instrumentalisieren[124]. Es lässt sich gar nicht leugnen, dass es ethisch legitime Formen der Instrumentalisierung anderer gibt[125]. Alles hängt daher von der Frage ab, worin das spezifisch Menschenwürdewidrige zu sehen ist, worauf die Formeln eben keine definitive Antwort geben können.

So liegt deren Bedeutung im Grunde eher darin, als generalisierte Formeln für die konsentierten Fälle der Negativdefinition[126] der Menschenwürde zu fungieren. Wenn hier in fallweiser Konkretisierung unter Verzicht auf eine allgemeingültige Definition der Inhalt der Menschenwürde vom Verletzungsvorgang her erschlossen und mit Umschreibungen wie Erniedrigung, Brandmarkung, Verächtlichmachung ansatzweise umschrieben wird, dann setzt dies freilich ein Maß an Evidenz und gesellschaftli-

---

Mensch kann von keinem Menschen ... bloß als Mittel, sondern muß jederzeit zugleich als Zweck gebraucht werden und darin besteht eben seine Würde ..."

[122] *H. Dreier*, Konsens und Dissens bei der Interpretation der Menschenwürde. Eine verfassungsrechtliche Skizze, in: Geyer, Biopolitik (Fn. 1), S. 232 ff. (235) (zuerst unter dem Titel: „Große Würde, kleine Münze" in: FAZ Nr. 153 v. 5.7.2001, S. 8); *Herdegen,* Menschenwürde (Fn. 52), S. 775.

[123] Dazu *Herdegen,* Menschenwürde (Fn. 52), S. 775: Instrumentalisierungsformel als „leere Hülse", größte Skepsis gegenüber jeder Instrumentalisierungs-Rhetorik; eingehend *Hoerster,* Ethik (Fn. 21), S. 11 ff. – Kritik an der Unbestimmtheit der Formel übte im übrigen bereits Schopenhauer: „Aber dieser von allen Kantianern so unermüdlich nachgesprochene Satz ‚man dürfe den Menschen immer nur als Zweck, nie als Mittel behandeln', ist zwar ein bedeutend klingender und daher für alle die, welche gern eine Formel haben mögen, die sie alles fernern Denkens überhebt, überaus geeigneter Satz; aber beim Lichte betrachtet ist es ein höchst vager, unbestimmter, seine Absicht ganz indirekt erreichender Ausspruch, der für jeden Fall seiner Anwendung erst besonderer Erklärung, Bestimmung und Modifikation bedarf, so allgemein genommen aber ungenügend, wenigsagend und noch dazu problematisch ist." (A. Schopenhauer, Die Welt als Wille und Vorstellung, Bd. 1, hrsgg. v. A. Hübscher, 3. Aufl. 1972, S. 412).

[124] Vgl. *Seelmann,* Recht (Fn. 114), S. 246: „Wo liegt also die Grenze zwischen dem (unzulässigen) *bloss* Zum-Mittel-machen und dem (noch zulässigen) *auch* Zum-Mittel-machen?" (Hervorhebungen i.O., H.D.).

[125] Eingehend *Hoerster,* Ethik (Fn. 21), S. 14 ff.; knapp *Schröder,* Forschung (Fn. 85), Ms. S. 4.

[126] Vgl. *Dreier* (Fn. 27), Art. 1 I Rn. 37 ff.

chem Konsens über die Menschenwürdewidrigkeit des betreffenden Tuns voraus[127], an dem es bei der Abtreibungsfrage ebenso fehlt wie bei der Forschung an überzähligen Embryonen. Gerade beim letztgenannten Fall mögen viele zweifeln, ob denn die endlose Fortsetzung der Kryokonservierung menschenwürdegerechter ist als die Nutzung der überzähligen Embryonen für Zwecke hochrangiger Forschung mit der Zielperspektive medizinischer Therapien[128]. Außerdem kann man sich fragen, ob die „Erniedrigung" oder die „Verächtlichmachung" eines Zellverbandes in den ersten Tagen nach der Befruchtung eine irgendwie mit unseren reflektierten Intuitionen vereinbare Vorstellung ist[129]. Anders gesagt: bedarf es nicht einer gewissen „Fallhöhe" (Schmude), gleichsam eines Entwürdigungspotentials, um eine Menschenwürdeverletzung sinnvollerweise annehmen zu können?

4. Schlussbemerkung: Zur Relevanz des Menschenwürde-Arguments

Instrumentalisierungsverbot und Objektformel scheinen also zur Bewältigung der Frage nach der Zulässigkeit von Abtreibung und Embryonenforschung nicht recht zu passen und in Ermangelung eines breiten gesellschaftlichen Konsenses auch nicht zu greifen. Zudem will mir scheinen, dass die Menschenwürde ein viel zu anspruchsvolles und komplexes Konzept ist, als dass man sie Frühformen menschlichen Lebens im Stadium eines Zellverbandes einfach „zuschreiben" und ihren Beginn terminieren kann wie das Erreichen der Volljährigkeit[130]. Würde ist viel offener, zugleich aber kriterienreicher zu bestimmen in einem eher prozesshaften Sinne, wie dies ein protestantischer Theologe angedeutet hat: „Die Würde des Menschen ist nicht in einem biologischen Zustand oder einer ontologischen Verfassung des Daseins begründet. ‚Menschenwürde' ist eine ethi-

---

[127] *Dreier*, Konsens (Fn. 122), S. 234; *G. Frankenberg*, Die Würde des Klons und die Krise des Rechts, in: KritJ 33 (2000), S. 325 ff. (329); *Lorenz*, Garantie (Fn. 24), S. 41; *Herdegen*, Menschenwürde (Fn. 52), S. 775 mit weiterem richtigen Hinweis auf die Orientierungshilfe durch Rechtsvergleich mit anderen freiheitlichen Staaten (für ein entsprechendes „Kontrollkriterium" schon *H. Dreier*, in: ders. [Hrsg.], Grundgesetz-Kommentar, Bd. II, 1998, Art. 79 III Rn. 15 a.E.).

[128] *Schroth*, Forschung (Fn. 42), S. 178 f.; *Schröder*, Forschung (Fn. 85), Ms. S. 12; zur Bedeutung der Finalität des Handelns auch *Herdegen*, Menschenwürde (Fn. 52), S. 775.

[129] In diese Richtung auch *Herdegen*, Menschenwürde (Fn. 52), S. 774; *Hilgendorf*, Klonverbot (Fn. 47), S. 1157.

[130] Ähnlich *Anselm u. a.*, Pluralismus (Fn. 17), S. 8.

sche und rechtliche Kategorie, die aus Gründen der praktischen ethischen Vernunft auf dem Grunde tragender moralischer Grundüberzeugungen eine je aktuelle Verpflichtung zur Anerkennung und eine allgemeine Regel des Zusprechens der Menschenwürde zum Inhalt hat und mit einer elementaren gegenseitigen Verbindlichkeit ausgestattet ist."[131]

Es sind solche eher grundsätzlichen Überlegungen wie auch andere Argumentationsstränge, die dazu geführt haben, dass – ungeachtet der zahlreichen Stimmen, die weiterhin für Würdegarantie und Lebensschutz vom Zeitpunkt der Verschmelzung von Samen- und Eizelle an votieren[132] – in vielen neueren verfassungsrechtlichen Untersuchungen zum Problemfeld der Bioethik im allgemeinen und der Forschung an überzähligen Embryonen im besonderen die Menschenwürdegarantie letztlich als nicht entscheidend angesehen wird: sei es, weil man mit Blick auf die beiden Abtreibungsurteile des Bundesverfassungsgerichts den verfassungsrechtlichen Status des Embryos in vitro ohnehin nicht als den eines mit eigenen Rechten und somit auch nicht der Menschenwürde ausgestatteten personalen Trägers zu sehen vermag[133]; sei es, weil man die mit Hilfe einer Brückenkonstruktion erfolgende Vorwirkung der Menschenwürdegarantie in das vorgeburtliche Stadium nur bis zum Zeitpunkt von Individuation und Nidation rückerstreckt[134] bzw. annimmt, dass die Menschenwürdegarantie schlecht einer Form embryonalen menschlichen Lebens zugesprochen werden kann, die noch zur Mehrlingsbildung in der Lage ist, da sich ein solcher Organismus „noch nicht *als* Mensch, sondern *zu* einem individuellen Men-

---

[131] *T. Rendtorff*, Jenseits der Menschenwürde? Zum ethischen Diskurs über humane embryonale Stammzellen. Ein Kommentar, in: Jahrbuch für Wissenschaft und Ethik, Bd. 5, 2000, S. 183 ff. (192 f.); die Nähe zu Hofmanns Kommunikationstheorie (vgl. *Hofmann*, Menschenwürde [Fn. 105], S. 364 ff.) ist evident.

[132] Außer den oben in Fn. 24 Genannten siehe noch *U. Fink*, Der Schutz des menschlichen Lebens im Grundgesetz – zugleich ein Beitrag zum Verhältnis des Lebensrechts zur Menschenwürdegarantie, in: Jura 2000, S. 210 ff.; *Benda*, Verständigungsversuche (Fn. 27), S. 2147 f.

[133] *Ipsen*, Status (Fn. 14), S. 991 ff.; desgleichen mit Bezug auf die Rechtslage bei der Abtreibung *G. Jakobs*, Rechtmäßige Abtreibung von Personen?, in: JR 2000, S. 404 ff. (406); an dessen Überlegungen anknüpfend und den Bezug zu bioethischen Fragen herstellend *M. Pawlik*, Der Staat hat dem Embryo alle Trümpfe genommen, in: FAZ Nr. 146 v. 27.6.2001, S. 45.

[134] *Dederer*, Menschenwürde (Fn. 51), S. 8 ff., 14 ff.: der Embryo entwickele sich erst ab Nidation *als* Mensch, vorher lediglich *zum* Menschen, weil die Einnistung unabdingbare Voraussetzung für weitere Entwicklung sei; ähnlich *Schroth*, Forschung (Fn. 42), S. 177.

schen entwickelt"[135]; sei es, weil man eine Überdehnung oder Inflationierung des Menschenwürdearguments fürchtet[136]; sei es, dass man für die Lösung der komplexen Problematik in Art. 1 Abs. 1 GG keine hinreichend konkreten normativen Anknüpfungspunkte findet[137]; sei es, dass man in der Würde letztlich eine soziale Wertung sieht, die jedenfalls für den Zeitraum bis zur Nidation ins Leere greift[138].

All jene Stellungnahmen stützen den Eindruck, dass Art. 1 Abs. 1 GG, diese „vielleicht heikelste"[139] Bestimmung des Grundgesetzes, nicht die zentrale Norm für die Beantwortung der bioethischen Frage der Embryonenforschung ist[140]. Die Entscheidungen fallen beim Lebensschutz, kon-

---

[135] *Schroth*, Forschung (Fn. 42), S. 177, 178. – *Seelmann*, Recht (Fn. 114), S. 246 spricht für jene Phase plastisch von „vorindividuelle(n) *menschliche*(n) Organismen" (Hervorhebung i.O., H.D.).

[136] *Frankenberg*, Würde (Fn. 127), S. 329; *Schroth*, Forschung (Fn. 42), S. 177; *Richard Schröder* in einem Interview (Stammzellenimport: „Auf deutschen Sonderwegen ruht kein Segen") mit dem Evangelischen Pressedienst http://www.epd.de/dokumentation/2002/bioethik_schroeder.html), Kurzfassung des Interviews im epd-Basisdienst vom 24.1.2002; auch *Sendler*, Menschenwürde (Fn. 82), S. 2150; *R. Zuck*, Wie führt man eine Debatte? Die Embryonennutzung und die Würde des Menschen (Art. 1 I GG), in: NJW 2002, S. 869; für PID ähnlich *Herdegen*, Menschenwürde (Fn. 52), S. 775.

[137] *Ipsen*, Status (Fn. 14), S. 996; siehe auch *Schmidt-Aßmann*, Grundrechtspositionen (Fn. 14), S. 54: „So lässt sich jedenfalls eine Pflicht des Staates, die Forschung an sog. überzähligen Embryonen zu verbieten, nicht aus Art. 1 GG ableiten."

[138] *Schmidt-Jortzig*, Bedingungen (Fn. 105), S. 927 ff., 931.

[139] *J. Isensee*, Die alten Grundrechte und die biotechnische Revolution, in: J. Bohnert u.a. (Hrsg.), Verfassung – Philosophie – Kirche. Festschrift für Alexander Hollerbach zum 70. Geburtstag, 2001, S. 243 ff. (247).

[140] Das gilt im Ergebnis auch für jene Positionen, die gegen die ganz h.M. (derzufolge die Menschenwürde absolut garantiert ist und jede Einschränkung zugleich eine Verletzung darstellt) auch bei Art. 1 Abs. 1 GG Einschränkungsmöglichkeiten und Abstufungen zulassen wollen, weil diese sich wiederum am Wachstum des vorgeburtlichen Lebens orientieren: so vor allem – wie seit jeher – *Kloepfer*, Humangentechnik (Fn. 21), S. 420 f., 422 f.; auch *Herdegen*, Menschenwürde (Fn. 52), S. 774 f.; andeutungsweise *P. Häberle*, Die Menschenwürde als Grundlage der staatlichen Gemeinschaft, in: J. Isensee/P. Kirchhof (Hrsg.), Handbuch des Staatsrechts der Bundesrepublik Deutschland, Bd. I: Grundlagen von Staat und Verfassung, 1987, § 20 Rn. 85.

kret: bei Art. 2 Abs. 2 GG. Dort sind nicht zuletzt wegen des Gesetzesvorbehalts differenzierte Regelungen möglich, die jene Aporien vermeiden, welche bei der Propagierung personaler Würde und strikten Lebensschutzes für pränidatives embryonales Leben unvermeidlich auftreten müssen.

Wolfgang Huber

Das Ende der Person?
Zur Spannung zwischen Ethik und Gentechnologie

1.

Wann beginnt die Menschenwürde? Von wann an ist der Mensch ein Mensch? Das ist eine ungewöhnliche Frage. Aber wir leben in ungewöhnlichen Zeiten. Neues bahnt sich an. Was wir heute können, erschien noch vor kurzem als unwahrscheinlich. Erst seit wenigen Jahren ist es möglich, mit embryonalen Stammzellen umzugehen. Erst seit kurzem beginnen wir zu ahnen, welche Therapiemöglichkeiten durch adulte Stammzellen möglich werden können.

Wann beginnt die Menschenwürde? Von wann an ist der Mensch ein Mensch? Am 30. Januar soll der Deutsche Bundestag klären, ob in Deutschland embryonale Stammzellen eingeführt werden dürfen, für deren Gewinnung menschliche Embryonen getötet wurden. Hochrangige Forschungsziele, Ziele einer „ethisch hochwertigen medizinischen Forschung" werden dafür geltend gemacht. Die Forschungsfreiheit wird als ein Rechtsgut ins Spiel gebracht, das einen so hohen Wert hat, dass mit ihm auch eine Einschränkung der Menschenwürde oder doch eine Abstufung des Lebensschutzes gerechtfertigt werden kann.

Forschungsfreiheit – Menschenwürde – Lebensschutz: drei komplexe und anspruchsvolle Konzeptionen werden ins Feld geführt. Alle drei sind in unserem Land mit grundrechtlichem Schutz ausgestattet. Die Forschungsfreiheit hat in unserer Verfassungsordnung eine ungewöhnlich starke Stellung. Sie wird nicht, wie beispielsweise die Meinungsfreiheit, durch die allgemeinen Gesetze, die allgemeinen Bestimmungen zum Schutz der Jugend oder die Rechte der persönlichen Ehre eingeschränkt. Kunst und Wissenschaft, Forschung und Lehre sind in diesem Lande schlicht frei. Diese Freiheit entbindet nicht von der Treue zur Verfassung. Aber sie kann nicht einfach von Gesetzes wegen eingeschränkt werden. Grenzen findet sie an der Würde des Menschen und an anderen Grundrechten, nicht am einfachen Gesetz. Das hat offenkundig darin seinen Grund, dass unsere Verfassungsordnung die Forschungsfreiheit selbst als einen Ausdruck der Menschenwürde ansieht. Im Drang nach Erkenntnis und im Bemühen um besseres

Verstehen äußert sich das Menschsein selbst. Wer willkürlich die Forschungsfreiheit einschränken wollte, würde damit die Menschenwürde selbst angreifen.

Doch zugleich gilt: Die Menschenwürde ist ein Maßstab auch für die Forschungsfreiheit. Ein Gebrauch der Freiheit zur Forschung, der die Menschenwürde selbst aushöhlt, relativiert oder vergleichgültigt, hebt sich selbst auf. Je exponierter und weittragender Forschungen sind, desto sorgfältiger ist das zu bedenken. Mit außerordentlichem Pathos sagt das Grundgesetz: „Die Würde des Menschen ist unantastbar. Sie zu achten und zu schützen ist Verpflichtung aller staatlichen Gewalt." Eine Einschränkung dieser unantastbaren Würde ist nicht vorgesehen.

Anders ist es mit dem Lebensschutz. Das Grundgesetz respektiert das gleiche Recht auf Leben und körperliche Unversehrtheit. Aber es fügt hinzu: „In diese Rechte darf nur auf Grund eines Gesetzes eingegriffen werden." Es rechnet mit der Möglichkeit des Eingriffs in das Recht auf Leben und körperliche Unversehrtheit auf Grund eines Gesetzes. Ein solcher Eingriff kann nur dann überhaupt in Betracht kommen, wenn das zur Erhaltung von Leben als unabweisbar nötig erscheint. Notwehr und Nothilfe, polizeiliches Eingreifen zur Rettung von Leben sind solche Fälle. Ob allgemeine hochrangige Forschungsziele zur Rechtfertigung solcher Eingriffe herangezogen werden können, kann man demgegenüber bezweifeln. Denn hier steht nicht individuelles Leben gegen individuelles Leben. Die allgemeine, ihrem Wesen nach unbestimmte Erwartung, dass hochrangige Forschung auch der Erhaltung des Lebens oder der Förderung von Lebensqualität zugute kommen kann, wird dagegen kaum einen Eingriff in die Integrität des Lebens rechtfertigen können. Intendierte Forschungsziele enthalten in sich selbst keine ethischen Kriterien für die Vertretbarkeit der gewählten Mittel. Man kann nicht sagen: Je höher das Forschungsziel, desto stärker relativiert sich der Lebensschutz. Wenn man eine solche Relativierung vertreten will, muss man vielmehr Gründe dafür vorbringen können, dass eine Abstufung des Lebensschutzes in sich selbst gerechtfertigt ist.

Die Vorstellung von einem abgestuften Lebensschutz, die gegenwärtig häufig vorgebracht wird, sieht sich indessen mit zwei Gegenfragen konfrontiert: Welche Stufen lassen sich mit solcher Eindeutigkeit definieren, dass auf ihnen auch der Lebensschutz eine neue Qualität annimmt? Und bis zu welchem Grade soll der Lebensschutz auf welcher Stufe eingeschränkt werden?

Es hängt alles daran, von wann an wir einem menschlichen Lebewesen den Lebensschutz zuerkennen, den das Grundgesetz vorsieht und mit dem Hinweis auf die Menschenwürde begründet. Von wann an ist der Mensch ein Mensch? Offenkundig müssen wir bei der Beantwortung dieser Frage zwischen menschlichem Leben, einem menschlichen Lebewesen und einer menschlichen Person unterscheiden. Menschliches Leben mag man sich auch schon in der getrennten Existenz von Eizelle und Samenzelle vorstellen. Denn sie tragen die Möglichkeit der Vereinigung in sich; aus ihnen entsteht ein menschliches Lebewesen. Wann aber ist dessen Beginn anzusetzen? Die klarste Definition ist mit der Verschmelzung von Ei- und Samenzelle gegeben. Aber unzweifelhaft ist es dann noch ein weiter Weg bis zur Ausbildung und Entfaltung einer menschlichen Person. Doch ist uns allen bewusst, dass wir Schutzrechte nicht erst dann anerkennen können, wenn diese Person sich entwickelt und entfaltet hat.

Im Gegenteil: Wir dürfen den Respekt vor der menschlichen Würde und die Pflicht zum Schutz des menschlichen Lebens gerade nicht substantialistisch an bestimmte Merkmale der Personalität binden. Für den christlichen Glauben gründet das Personsein des Menschen darin, dass er von Gott angesprochen und dadurch zur Antwort befähigt wird. Person ist der Mensch, weil er das Gott entsprechende Wesen ist. Daraus folgt gerade die Pflicht, jedes menschliche Lebewesen aus dieser Perspektive anzuschauen. Diese Pflicht schließt ein, zu den Bedingungen beizutragen, unter denen menschliches Leben sich entwickeln und menschliche Personalität sich entfalten kann. In dieser Betrachtungsweise ist es begründet, dass der christliche Glaube die Würde des Menschen nicht substantialistisch versteht, sondern relational: Die göttliche Anerkennung, der wechselseitige Respekt und die Selbstachtung sind die Bezüge, in denen diese Würde ihren Ort hat.

Von wann an ist der Mensch ein Mensch? So wird gefragt, um zu klären, ob auch der menschliche Embryo in den frühen Stufen seiner Entwicklung am Schutz von Würde und Leben des Menschen teilhat. Wer darauf eine Antwort finden will, kommt nicht darum herum, tiefer zu bohren und auch zu fragen: „Was ist der Mensch?" Schon der Psalmist hat so gefragt: „Was ist der Mensch, dass du seiner gedenkst und des Menschen Kind, dass du dich seiner annimmst? Du hast ihn wenig niedriger gemacht als Gott, mit Ehre und Herrlichkeit hast du ihn gekrönt." Was ist der Mensch, den Gott sogar würdigt, sein Ansprechpartner, sein Gegenüber, sein Ebenbild zu sein? Wie wahren wir die Würde des Menschen auch im Fortschritt der Wissenschaften? Wie lösen wir den Konflikt zwischen Menschenwürde und Forschungsfreiheit? Es ist ein Konflikt, bei dem man nicht vergessen darf, dass sich auch in der Forschungsfreiheit ein Aspekt der Menschenwürde ausdrückt.

3.

Als öffentliche Debatte hat der Disput um diese Frage gerade erst begonnen. Wolfgang Frühwald – der frühere Präsident der Deutschen Forschungsgemeinschaft und heutige Präsident der Alexander-von-Humboldt-Stiftung – hat diese Kontroverse dahingehend charakterisiert, sie sei „zu einer Auseinandersetzung um ein christliches, zumindest kantianisches Menschenbild auf der einen Seite und ein szientistisch-sozialdarwinistisches Menschenbild auf der anderen Seite geworden." Frühwald hat sogar einen „Kulturkampf" prophezeit, der so rasch nicht enden werde. Andere haben ihm vehement widersprochen – sowohl was die Beschreibung der Frontlinien als auch was die Charakterisierung der Debatte als „Kulturkampf" betrifft.

Hubert Markl hat zu dem Streit um das Menschenbild mehrere bemerkenswerte und streitbare Beiträge geleistet. Zu Recht stellt er die Einsicht ins Zentrum, dass der Mensch mehr ist als dieses oder jenes biologische Faktum. Markl hält es für einen Ausdruck überzogener biologischer Allmachtsphantasien, wenn wir meinen, durch die Erkenntnis des biologischen oder des genetischen Substrats schon erfasst zu haben, was der Mensch als Person ist. „Menschlichkeit, Menschenwürde, ja recht eigentlich Menschsein – so Markl – ist mehr als dies (biologische) Faktum (des *Homo sapiens*), es ist eine kulturell-sozial begründete Attribution, die sich in der Begriffsbegründung zwar sehr wohl biologischer Fakten bedienen kann, ja muss, die sich aber in ihnen nicht erschöpft."

Gewiss: Das Verständnis des Menschen als einer mit Würde versehenen, mit Freiheit begabten, zur Verantwortung berufenen Person bezieht sich zwar auf ein biologisches Faktum, erschöpft sich aber nicht in ihm. Daraus folgt jedoch nicht, dass wir in Menschlichkeit und Menschenwürde einfach kulturelle Interpretationsleistungen und Interpretationsmuster sehen könnten, die einem willkürlichen Wandel ausgesetzt sind oder ausgeliefert werden dürfen. Zwar wandelt sich unsere Wahrnehmung der Menschenwürde und ihrer Reichweite; die Sprache verändert sich, in der wir von ihr sprechen. Doch das liegt daran, dass unsere Sprache immer nur annäherungsweise erfasst, was sie benennen soll; niemals ist sie imstande, sich des Bezeichneten vollständig zu bemächtigen. Deshalb ist es auch verkehrt, aus den kulturellen Wandlungen unserer Rede von der menschlichen Würde zu schließen, diese Würde selbst sei ohnehin nichts anderes als das leicht wandelbare Erzeugnis kultureller Deutungen. Verkehrt ist es deshalb erst recht, wenn die Anstrengung unternommen wird, unseren Begriff der menschlichen Würde zu relativieren, sobald uns das im Interesse des wissenschaftlichen Fortschritts gerade als wünschenswert erscheint.

Deshalb folge ich Hubert Markl dort nicht, wo er die Unterscheidung zwischen dem Menschen als Mitglied der Gattung *Homo sapiens* und dem Menschen als Person dazu benutzt, die ethischen Einwände gegen einen forschenden Verfügungsanspruch über den Menschen – auch in den frühen Stufen menschlicher Entwicklung – zu relativieren oder gar für irrelevant zu erklären. Dass wir den Menschen als Person von seiner genetischen Ausstattung unterscheiden, heißt nicht, dass die genetischen Ausgangsbedingungen, aus denen sich eine menschliche Person entwickeln kann, als bedeutungslos betrachtet werden. Es ist deshalb sehr problematisch, wenn durch „kulturelle Übereinkunft" ein Datum festgelegt werden soll, von dem an wir das sich bildende menschliche Lebewesen erst dem Schutz der Menschenwürde unterstellen, während es in den vorausliegenden Stufen seiner Entwicklung eine bloße Biomasse darstellen soll. Dass wir im Menschen mehr sehen als die Summe seiner biologischen Merkmale, heißt nicht, dass das biologische Substrat seines Lebens eine bloße Sache ist.

Wer die unverfügbare Würde des Menschen achtet, wird deshalb auch den offenen Anfang des menschlichen Lebens respektieren. Er wird darauf verzichten, eine bestimmte Stufe in der Entwicklung menschlichen Lebens so auszuzeichnen, dass erst jenseits dieser Stufe eine Schutzwürdigkeit dieses Lebens beginnt. Er wird auch darauf verzichten, aus den faktischen Unterschieden unserer Schutzmöglichkeiten für werdendes menschliches Leben auf prinzipielle Unterschiede in der Schutzwürdigkeit dieses Lebens selbst zu schließen. Viel eher gilt: Unsere Schutzverpflichtung für menschliches Leben reicht so weit wie unsere Schutzmöglichkeiten. Deshalb haben wir gegenüber einem in der Petrischale erzeugten Embryo eine Schutzverpflichtung auch auf den frühen Stufen seiner Entwicklung, auf denen ein Embryo im Mutterleib unseren Schutzmöglichkeiten noch gänzlich entzogen wäre. Oder anders und schärfer gesagt: Daraus, dass natürlich gezeugte Embryonen vor der Einnistung in den Uterus unerkannt abgehen können, lässt sich nicht schließen, dass wir künstlich erzeugte Embryonen beliebig für verbrauchende Forschung freigeben dürften.

4.

An die Möglichkeiten der Stammzellenforschung, die sich gegenwärtig abzeichnen, knüpfen sich große Heilungshoffnungen und erhebliche wirtschaftliche Erwartungen. Das christliche Menschenbild bekräftigt den Versuch, solche Hoffnungen und Erwartungen zu erfüllen. Denn heilendes Handeln gehört zu den gewiesenen Antworten auf das Gebot, den Nächsten zu lieben. Aber das christliche Menschenbild verhilft zugleich zu dem notwendigen Abstand von der Vorstellung, der Mensch selbst lasse sich durch gentechnische Eingriffe und medizinische Heilerfolge perfektionieren.

Manche Diskussionsbeiträge überbieten aber die Hoffnung auf Heilung durch die Hoffnung auf Optimierung. Sie glauben, die Kontingenz der menschlichen Biographie durch die Optimierung der menschlichen Gene überlisten zu können. Sie fallen damit gerade in den Irrglauben zurück, der Mensch sei identisch mit der Summe seiner Gene. Sie machen damit den optimierten Menschen zu einer Sache, zum Resultat bewusster Planung, zum Objekt planmäßiger Herstellung. Die jeder Planung und Verfügung entzogene Individualität und damit ein wesentliches Element am Personsein des Menschen ginge indessen verloren, wenn diese Vorstellung von der Optimierung des Menschen sich durchsetzen würde. An keinem Konzept zeigt sich eindringlicher als an diesem Konzept der Optimierung, in welch elementare Fragen unseres Menschenbilds wir durch die gegenwärtigen Entwicklungen im Überschneidungsbereich von Gentechnologie und Reproduktionsmedizin hineingeführt werden.

5.

Es war Jürgen Habermas, der darauf aufmerksam machte, dass wir bei der Verständigung über solche Fragen des Menschenbildes nicht auf die Erfahrungen und die Sprache der Religion verzichten können. Der Philosoph, der sich selbst, eine Formulierung Max Webers aufnehmend, als „religiös unmusikalisch" bezeichnet, macht Gebrauch von der Sprache der Religion und knüpft an die Rede von der Gottebenbildlichkeit des Menschen an.

„Dass der Gott, der die Liebe ist, in Adam und Eva freie Wesen schafft, die ihm gleichen, muss man nicht glauben, um zu verstehen, was mit Ebenbildlichkeit gemeint ist. Liebe kann es ohne Erkenntnis in einem anderen, Freiheit ohne gegenseitige Anerkennung nicht geben. Deshalb muss das Gegenüber in Menschengestalt seinerseits frei sein, um die Zuwendung Gottes erwidern zu können. Trotz seiner Ebenbildlichkeit wird freilich auch dieser andere noch als Geschöpf Gottes vorgestellt. Hinsichtlich seiner Herkunft kann er Gott nicht ebenbürtig sein. ... Gott bleibt nur solange ein ‚Gott freier Menschen', wie wir die absolute Differenz zwischen Schöpfer und Geschöpf nicht einebnen. Nur solange bedeutet nämlich die göttliche Formgebung keine Determinierung, die der Selbstbestimmung des Menschen in den Arm fällt."

Habermas anerkennt das Gewicht solcher Überlegungen und fordert geradezu, dass säkulare Mehrheiten in solchen Fragen „keine Beschlüsse durchdrücken" dürfen, „bevor sie nicht dem Einspruch von Opponenten, die sich davon in ihren Glaubensüberzeugungen verletzt fühlen, Gehör geschenkt haben; sie müssen diesen Einspruch als eine Art aufschiebendes Veto betrachten, um zu prüfen, was sie daraus lernen können." In dem von Habermas für nötig gehaltenen Dialog geht es insbesondere darum, dass eine Kultur der wechselseitigen Anerkennung und der fürsorgenden Zuwendung zueinander nicht verdrängt werden darf durch die Allmacht des Marktmodells und durch eine Vorstellung von Selbstbestimmung, in welcher der einzelne nur noch auf sich selbst bezogen ist und seinem Leben nur durch die Kalkulation des eigenen Vorteils Sinn geben kann.

Unser kulturelles Paradigma verbindet vielmehr zwei Grundmotive miteinander, die sich auf Athen und Jerusalem, auf griechische Theorie und jüdisch-christlichen Glauben, auf die Hauptströme des Selbstbewusstseins und der Nächstenliebe zurückführen lassen. Auf die Tradition der (griechischen) Philosophie geht das Motiv zurück, dass der Mensch als vernunftbegabtes Wesen zur Selbstachtung bestimmt ist. Wenn er von dieser Selbstachtung Gebrauch macht, handelt er aus Freiheit. Wo diese Selbstachtung nicht festzustellen ist, fragen wir, ob wir es mit einem Menschen zu tun haben – oder doch ob dieser Mensch sich seinem Menschsein gemäß verhält.

Aber neben die Selbstachtung tritt die Achtung des andern. Neben die Liebe zu sich selbst tritt die Liebe zum Nächsten. Die Achtung vor der Integrität des andern, die Zuwendung zu ihm – selbst dann, wenn er mein Feind ist – , die Barmherzigkeit dem gegenüber, der auf Hilfe angewiesen ist: das ist die Grundhaltung, die unserem kulturellen Paradigma durch das jüdische und christliche Ethos eingestiftet wurde.

Dieses Ethos repräsentiert alles andere als eine „Sklavenmoral". Es bestreitet gerade, dass die Unterscheidung zwischen Freien und Sklaven, zwischen Reichen und Armen, zwischen genetisch Optimierten und nicht Optimierten einen Gradualismus der Menschenwürde begründen könne. Gerade darin handelt es sich um eine Moral der Freiheit, dass sie die Freiheit jedes Menschen respektiert – auch desjenigen, der von dieser Freiheit aktuell keinen Gebrauch machen kann. Sie schaut jeden Menschen auf den möglichen Sinn seines Lebens an, weil dieser Sinn in Gottes Zuwendung zum Menschen schon Wirklichkeit ist. Auch in den embryonalen Anfängen des Menschen nimmt sie schon die Würde wahr, zu der Gott ihn bestimmt. Aus der Tatsache, dass nicht jeder Embryo sich zu einem eigenständigen menschlichen Leben entwickelt und entfaltet, leitet sie nicht ein Recht darauf ab, embryonales Leben zu beenden oder abzubrechen.

Wenn wir beide Grundströmungen unseres kulturellen Paradigmas in gleicher Weise ernst nehmen, dann heißt die Folgerung: Selbstachtung und Achtung des andern bilden zusammen die Grundprinzipien unseres Menschenbilds und unserer Rechtskultur. Der Grundsatz der unantastbaren Menschenwürde verpflichtet dazu, menschliches Leben insgesamt nicht zu instrumentalisieren, den Menschen – auch in den frühen Entwicklungsstufen des vorgeburtlichen Lebens – niemals nur als Mittel zu fremden Zwecken einzusetzen, ihn auch in den frühesten Entwicklungsstufen nicht zu „verbrauchen".

6.

Über den Sinn der religiösen Rede in der postsäkularen Gesellschaft hat Jürgen Habermas vor allem deshalb nachgedacht, weil es in vorderster Linie auch Christen sind, die mit ausdrücklichem Verweis auf ihren Glauben für die befruchtete Eizelle im Mutterleib wie in der Petrischale ein Recht auf Lebensschutz reklamieren. Sie berufen sich dafür auf den in der Gottebenbildlichkeit begründeten offenen Anfang des menschlichen Lebens. Deshalb fordern sie, dass von dem frühesten Moment an, in dem die genetische Festlegung eines bestimmten menschlichen Lebens erfolgt ist, diesem entstehenden menschlichen Leben auch Respekt entgegengebracht wird. Dass dieses Leben sich über verschiedene Stufen organisch entfaltet, bevor es dann durch die Geburt zur Welt kommt, kann und soll nicht daran hindern, auch die frühen Stufen dieses Lebens an der Achtung teilhaben zu lassen, die wir dem Menschen als Person entgegenbringen. Habermas hat sich diese Überlegung zu eigen gemacht und ausdrücklich gefordert, den Embryo „in Antizipation seiner Bestimmung wie eine zweite Person" zu „behandeln, die sich, wenn sie geboren würde, zu dieser Behandlung verhalten könnte."

Doch die Frage, welcher moralische Status dem vorgeburtlichen menschlichen Leben zukommt, ist aufs äußerste umstritten. Während die einen in der Menschwerdung des Menschen einen kontinuierlichen Prozess sehen, verstehen andere ihn als ein durch Zäsuren markiertes Geschehen. Unterschiedliche Einschätzungen biologischer Sachverhalte, aber auch unterschiedliche Interessen entscheiden dann darüber, welche dieser Zäsuren als Beginn eines menschlichen Lebens in dem Sinn angesehen wird, dass es am Würde- und Lebensschutz partizipiert. Sieben Stufen in der Frühentwicklung des menschlichen Lebens werden zu Anknüpfungspunkten für konkurrierende Antworten auf die Frage, von wann an der Mensch ein Mensch ist: die Verschmelzung von Ei- und Samenzelle, die Einnistung in die Gebärmutter am fünften bis achten Tag, der Ausschluss der Mehrlingsbildung um den dreizehnten Tag, die Ausbildung des Gehirns im dritten Schwangerschaftsmonat, die eigenständige Lebensfähigkeit, die Geburt, schließlich der Zeitpunkt im Verlauf der ersten Lebensjahre, zu dem die Fähigkeit zur Selbstbestimmung sich ausbildet.

Nach der ersten Antwort nimmt ein menschliches Lebewesen mit der Verschmelzung von Ei- und Samenzelle seinen Anfang. Denn damit beginnt eine neue biologische Realität mit einem eigenen Steuerungssystem und Lebensprinzip. Das genetische Programm, aus dem sich dieses Lebewesen entwickelt, ist vollständig gegeben. Also ist mit diesem Anfang ein vollständiges, in diesem Sinn auch individuelles menschliches Leben gesetzt. Wer so argumentiert, sieht in allen folgenden Stufen der Entwicklung dieses Lebewesens keine Zäsuren, mit denen sich eine Veränderung des ontologischen Status verbindet, sondern Markierungen einer organischen Entwicklung.

Eine zweite Betrachtungsweise lässt das menschliche Lebewesen mit der Einnistung in der Gebärmutter um den fünften bis achten Tag beginnen. Schon die ungenaue Zeitangabe deutet darauf hin, dass die Nidation selbst einen Prozess und nicht eine scharfe Zäsur darstellt. Auch schon vor der Nidation wird das befruchtete Ei von der Mutter ernährt; die hormonelle

Umstellung der Mutter kommt in Gang. Die Verbindung mit dem mütterlichen Organismus ist für die Entwicklung des Embryos unersetzlich. Doch das bedeutet nicht, dass die im Embryo angelegte genetische Information durch die Nidation eine Ergänzung erfährt.

Für eine solche hervorgehobene Bedeutung der Nidation wird unter anderem auch vorgebracht, dass nidationshemmende Verhütungsmittel – insbesondere die Spirale – rechtlich und gesellschaftlich anerkannt seien. Man gerate in einen unauflösbaren Wertungswiderspruch, wenn im Blick auf die Emfängnisverhütung die Nidation als Grenze anerkannt, im Blick auf den Status eines in vitro erzeugten Embryos aber geleugnet werde. Freilich kann das auch Anlass zu der Frage sein, nach welcher Seite hin der Wertungswiderspruch aufzulösen ist. Darüber hinaus aber weist der Stand der wissenschaftlichen Diskussion aus, dass die Spirale in der Regel gar nicht nidationshemmend wirkt, sondern bereits die Verschmelzung von Ei- und Samenzelle verhindert.

Als dritter Anhaltspunkt für den Lebensbeginn wird der Zeitpunkt genannt, zu dem die Möglichkeit einer Mehrlingsbildung ausgeschlossen ist. Dies ist ungefähr nach dem dreizehnten Tag der Embryonalentwicklung der Fall; insofern verbindet sich dieses Argument insbesondere mit der in Großbritannien zum Gesetz erhobenen Entscheidung, die Forschung an Embryonen in den ersten vierzehn Tagen ihrer Entwicklung freizugeben. Zur Begründung wird vorgebracht, von menschlichem Leben im Sinn eines individuellen Lebens vermöge man erst dann zu sprechen, wenn dieses Leben sich nicht mehr in mehrere Leben teilen könne. Denn „Individualität" bedeute „Unteilbarkeit". Dagegen wird freilich eingewandt, dass eine solche Überlegung Individualität mit Singularität verwechselt. Es sei zudem nicht begründbar, dass menschlichem Leben, das sich in mehrere Individuen teilen könne, ein geringerer ontologischer Status zuerkannt werde als den daraus hervorgehenden Individuen selbst.

Eine vierte Überlegung legt den Beginn menschlichen Lebens in den dritten Schwangerschaftsmonat, in dem sich die neuronalen Strukturen des Gehirns ausbilden. Man setzt den Beginn menschlichen Lebens mit dem „Hirnleben" gleich, so wie man das Ende des menschlichen Lebens mit dem „Hirntod" eintreten lässt. Hinter solchen Überlegungen steht ein kognitivistisches Bild vom menschlichen Leben; eine Definition des Menschen als *animal rationale* wird mit bestimmten biologischen Erkenntnissen verknüpft. Gegen eine solche Betrachtungsweise wird zum einen geltend gemacht, dass sie die Probleme der sogenannten „Hirntoddefinition" unterschätzt. Zum andern wird eingewandt, dass die Lebendigkeit des Embryos vor der Entstehung des Gehirns unzweifelhaft gegeben ist, während beim Hirntoten in der Tat alle Lebensfunktionen zum Erliegen kommen – es sei denn, sie würden künstlich durch intensivmedizinische Maßnahmen aufrechterhalten.

Eine fünfte Auffassung orientiert sich am Gedanken der selbständigen Lebensfähigkeit außerhalb des Mutterleibs. Sie richtet sich an dem Zeitpunkt aus, zu dem ein Fötus im Fall der Frühgeburt außerhalb des Mutterleibes lebensfähig wäre. Doch dieser Zeitpunkt ist sehr relativ; er hat sich mit der medizinischen Entwicklung dramatisch verschoben; im konkreten Fall hängt er von der Erreichbarkeit und Qualität der medizinischen Versorgung ab. Untrüglich wird man ein solches Datum gewiss nicht nennen können.

Eine sechste Auffassung folgt der Intuition, dass das menschliche Leben mit der Geburt beginnt. Denn von der Geburt sagen wir, dass ein Mensch mit ihr ins Leben tritt. Er nimmt Beziehungen auf – zur Mutter und anderen Bezugspersonen zunächst, später zur weiteren Gesellschaft. Bei einer solchen Betrachtungsweise wird freilich das Lebensrecht des Menschen ganz von seiner Anerkennung durch andere abhängig gemacht. Ein Lebensrecht, das von einer solchen Anerkennung unabhängig ist, wird geradezu geleugnet. Damit wird aber die Unantastbarkeit der Menschenwürde selbst zur Disposition gestellt; sie ist selbst allenfalls eine Zuschreibung, die sich aus den vorausgesetzten Anerkennungsverhältnissen ergibt, in die Menschen nur eintreten können, wenn sie geboren sind. Zu bedenken ist bei dieser Argumentation, dass es einer elementaren moralischen Intuition – und auch der Rechtslage – widerspricht, wenn einem ungeborenen Kind bis zur Geburt jedes eigenständige Lebensrecht abgesprochen wird.

Von einem analogen Einwand wird die Position getroffen, die den Beginn des menschlichen Lebens erst während der ersten Lebensjahre eintreten lässt – dann nämlich, wenn Selbstbewusstsein und damit die Fähigkeit zu eigenen Entscheidungen und zur Selbstbestimmung sich ausbilden. Alles andere hält Peter Singer für den Ausdruck eines Speziesismus, für den schon die Zugehörigkeit zur biologischen Gattung *Homo sapiens* für die Erlangung von Lebensrechten ausreicht. Lebensrechte sind jedoch nach dieser Auffassung erst dann und nur für den Fall gegeben, dass ein Mensch aktuell über die Fähigkeit verfügt, für die Gestaltung seines Lebens eigene Präferenzen zu entwickeln und Optionen zu formulieren. Das darauf begründete Lebensrecht besteht auf den frühesten Stufen der menschlichen

Entwicklung noch nicht; es besteht ebenso wenig in Fällen schwerster Behinderung, zum Beispiel bei Anenzephalie. Und es kann verloren gehen, wenn ein Mensch durch Krankheit oder Alter die Fähigkeit zur Selbstbestimmung einbüßt. Auch hier gilt, dass unter einer solchen Voraussetzung die Vorstellung von einer unantastbaren Menschenwürde selbst gegenstandslos wird.

Lässt man diese sieben Konzeptionen an sich vorüberziehen, so kann man den Eindruck nur schwer abwehren, dass jede Konzeption, die eine Zäsur in der Entwicklung menschlichen Lebens zum Markstein für den Beginn der Würdeattribution und des Lebensschutzes macht, ein großes Willkürrisiko läuft. Deshalb sollten in der ethischen Abwägung diejenigen Konzeptionen den Vorrang erhalten, die so willkürarm wie möglich sind. Das aber ist ohne Zweifel am ehesten die Konzeption, die mit dem offenen Anfang des menschlichen Lebens und seiner organischen Entwicklung argumentiert. Für sie ist die Verschmelzung von Ei- und Samenzelle der sicherste Hinweis darauf, dass ein menschliches Leben beginnt. Das Gebilde, das dadurch entsteht, enthält die volle Potentialität zur Entwicklung einer individuellen menschlichen Person. Diese Entwicklung selbst entspricht zugleich den Kriterien der Identität und der Kontinuität. Diesem Lebewesen sollte deshalb der Schutz gewährt werden, zu dem wir jeweils fähig sind. Deshalb verdient insbesondere der in vitro erzeugte menschliche Embryo unseren besonderen Schutz. Schon von diesem Anfang an sollte sichergestellt werden, dass das sich entwickelnde menschliche Lebewesen nicht als Sache behandelt wird, sondern als sich entwickelnde Person, nicht als verfügbare Biomasse, sondern als ein frühes Zeichen für das Wunder des menschlichen Lebens.

Dass sich in einem frühen Embryo noch nicht alle Merkmale menschlicher Personalität ausgeprägt haben, braucht uns an einer solchen Betrachtungsweise nicht zu hindern. Denn es gibt auch andere Zusammenhänge, in denen wir die Personwürde des Menschen respektieren, obwohl dieser Mensch daran gehindert ist, von seiner Personalität Gebrauch zu machen. Was für Behinderung, Krankheit oder Alter gilt, kann auch für die frühen Stufen in der Entwicklung des menschlichen Lebens geltend gemacht werden.

Das geschilderte Willkürrisiko macht es in meinen Augen unmöglich, in der gegenwärtigen Debatte einfach drei Positionen als ethisch gleichgewichtig nebeneinander zu stellen, wie das in einer Stellungnahme evangelischer Ethiker geschehen ist (FAZ vom 23. Januar 2002, S.8). Der „unbedingte Schutz des Embryos", der „abgestufte Embryonenschutz" mit engen Grenzziehungen und schließlich die „uneingeschränkte Möglichkeit der Forschung an frühen Embryonen" gelten als diese drei Positionen. Das Willkürrisiko einer solchen Betrachtungsweise zeigt sich schon darin, dass die zweite Position an die Nidation als Zäsur für einen abgestuften Embryonenschutz gebunden wird. Diese aber wird auf „etwa um den 10. Tag" nach der Befruchtung datiert und mit dem Ausschluss der Mehrlingsbildung gleichgesetzt. Embryologisch sind das aber eindeutig zwei verschiedene Stufen. Die evangelischen Ethiker plädieren ihrerseits für einen Kompromiss, der die Forschung an „mehrjährig kryokonservierten Embryonen" zulässt, die „wegen ihrer eingeschränkten Entwicklungsfähigkeit" nicht mehr implantiert werden sollen. Dasselbe soll für bereits existierende Stammzellinien gelten.

Das ist ein weittragender Vorschlag. Denn er setzt de facto eine vor der Implantation liegende Diagnose voraus, die darüber entscheidet, welche Embryonen aus medizinischen Gründen nur eingeschränkt entwicklungsfähig sind. Die Tendenz dieses Vorschlags zeigt sich auch in dem ausdrücklichen Zusatz: „Die Herstellung von Embryonen zu Forschungszwecken ist jedoch derzeit nicht zu verfolgen." Eine solche Formulierung lässt klar durchblicken, dass gegen die Herstellung von Embryonen zu Forschungszwecken nur pragmatische, nicht aber prinzipielle Einwände gesehen werden. Das zeigt sich auch deutlich in dem abschließenden Appell, eine „evangelische Position" stehe „vor der Aufgabe, nicht im leicht generalisierbaren Misstrauen gegenüber dem Neuen zu verharren, sondern sich am Aufbau einer Kultur zu beteiligen, die zwar mit Missbrauch rechnet, aber nicht in der Furcht davor erstarrt." Das ist richtig: Vor dem Missbrauch soll man weder in Furcht noch gar in Ehrfurcht erstarren, man soll ihm vielmehr wehren. Und das geschieht in der Absicht, dass unter einer Mehrzahl möglicher Wege zum Neuen derjenige gewählt wird, der ethisch am ehesten vertreten werden kann. Man sollte die Suche nach diesem Weg auch nicht mit dem Hinweis auf den evangelischen Pluralismus sistieren. Im Gegenteil: Man sollte die Pluralität evangelischer Positionen für die Suche nach diesem Weg nutzen.

7.

Man muss sich abschließend vor Augen stellen, welche Folgen es haben kann, wenn bestimmten Entwicklungsphasen des menschlichen Lebens dieser Schutz genommen wird. Auf diesen Stufen wird das sich entwickelnde Lebewesen nicht als Person verstanden, sondern als Sache, nicht als „jemand", sondern als „etwas". Es kann als Ware betrachtet werden, mit der man grundsätzlich auch müsste handeln können, als ein Rohstoff, den man zu nutzen vermag. Es trifft zwar zu, dass ein ungeborenes menschliches Leben umso stärker an unsere Bereitschaft zur Fürsorge zu appellieren vermag, je näher es der Geburt ist. Aber auch auf den frühen Stufen der Entwicklung können wir nicht einfach nur als Sache betrachten, was ein Mensch werden soll. Deshalb bleibt es nach meiner Überzeugung dabei, dass zur Anerkennung der unantastbaren Menschenwürde auch der Respekt vor der Würde des ungeborenen menschlichen Lebens gehört.

In der aktuellen Diskussion führt mich diese Überlegung zu der Konsequenz, dem Import von menschlichen embryonalen Stammzellen nicht zuzustimmen. Wenn der Embryo keine bloße Biomasse ist, sondern am Schutz der Würde des Menschen und seines Lebensrechts Anteil hat, dann sind Eingriffe an menschlichen Embryonen, die ihre Schädigung oder Vernichtung in Kauf nehmen, nicht zu rechtfertigen. Wenn wir auch für die Zukunft an der Überzeugung festhalten, dass die Tötung von Embryonen zu Forschungszwecken ausgeschlossen bleiben soll, dann geraten wir in einen Wertungswiderspruch, wenn wir dem Import von embryonalen Stammzellen aus dem Ausland zustimmen. Dieser Wertungswiderspruch bleibt auch dann bestehen, wenn dieser Import befristet, an ein Stichdatum für die Entstehung der entsprechenden Embryonen gebunden und mit weiteren Auflagen versehen wird.

Wenn man diesem Einwand nicht folgt und darauf beharrt, dass bestimmte Fragen der Grundlagenforschung nur an embryonalen Stammzellen geklärt werden können, sollte man zumindest sicherstellen, dass damit keinerlei Anreiz zur Herstellung von Embryonen zu Forschungszwecken verbunden sein kann. Die Befristung dieser Forschung und ihre Verbindung mit einer Stichtagsregelung würden mir dann als unerlässlich erscheinen. Die hochgesteckten Heilungshoffnungen, die sich heute an die Stammzellenforschung knüpfen, sollten sich aber auf die Forschung mit adulten und anderen Stammzellen richten, deren Verwendung ethisch weit weniger problematisch ist.

Es ist ein sehr spezielles Feld, an dem gegenwärtig die Debatte über den Schutz der Menschenwürde besonders hitzig geführt wird. Doch was wir unter der Menschenwürde verstehen, wird überhaupt erst klar, wenn es konkret wird. Insofern steht zu hoffen, dass diese Debatte einer größeren Klarheit zugute kommt. Einen Weg zu solcher Klarheit wollte ich Ihnen darlegen. Meine Folgerung heißt: Von einer Unantastbarkeit der Menschenwürde lässt sich nur reden, wenn deutlich ist: sie gilt von Anfang an.

Autoren und Herausgeber

Horst Dreier, Prof. Dr. jur., geb. 1954, ist Inhaber des Lehrstuhls für Rechtsphilosophie, Staats- und Verwaltungsrecht an der Juristischen Fakultät der Julius-Maximilians-Universität Würzburg, Mitglied des Nationalen Ethikrats.

Wolfgang Huber, Prof. Dr. theol., geb. 1942, ist Bischof der Evangelischen Kirche in Berlin-Brandenburg und Honorarprofessor für Systematische Theologie/Ethik an der Humboldt-Universität zu Berlin und der Ruprecht-Karls-Universität Heidelberg, Mitglied des Nationalen Ethikrats.

Hans-Richard Reuter, Prof. Dr. theol., geb. 1947, lehrt Systematische Theologie/Ethik an der Evangelisch-Theologischen Fakultät der Westfälischen Wilhelms-Universität Münster und ist Direktor des Instituts für Christliche Gesellschaftswissenschaften (ICG).

Wissenschaftliche Paperbacks
Theologie

Michael J. Rainer (Red.)
"Dominus Iesus" – Anstößige Wahrheit oder anstößige Kirche?
Dokumente, Hintergründe, Standpunkte und Folgerungen
Die römische Erklärung "Dominus Iesus" berührt den Nerv der aktuellen Diskussion über den Stellenwert der Religionen in der heutigen Gesellschaft. Angesichts der Pluralität der Bekenntnisse soll der Anspruch der Wahrheit festgehalten werden.
Die Ausführungen über die "Einzigkeit und Heilsuniversalität Jesu Christi und der Kirche" werden in diesem Band dokumentiert und kommentiert. In der Perspektive der Fundamentaltheologie, historischer, ökumenischer und praktischer Theologie wird überprüft, inwieweit der in diesem Dokument formulierte Wahrheitsanspruch begründet ist und sich auswirkt. Das bleibende Problem der Ringparabel, Wahrheit nicht nur zu suchen, sondern auch zu verteidigen, stellt sich auf mehreren Ebenen:
Zwischen Gestalten und Bewahren: zur Hermeneutik von römisch-katholischen Dokumenten und ökumenischen Texten – "Sprengsatz für den Religionendialog"? Das Katholische und die Religionen im Zeitalter des Pluralismus – Wahrheitskern und/oder Konsens? Das Verhältnis der Katholischen Kirche zu den ökumenischen Kirchen – Chancen "messianischer Ökumene": die Beziehung zwischen Christen und Juden –
Der Band will durch Stellungnahmen und Erklärungen von innerhalb und außerhalb der Theologie zur Versachlichung beitragen und an Wahrheits- und Kirchenfragen Interessierten ermöglichen, das Dokument in größerem Zusammenhang zu erfassen. Das Grundlagenbuch zur aktuellen Debatte.
Bd. 9, 2. Aufl. 2001, 350 S., 20,90 €, br., ISBN 3-8258-5203-2

Michael J. Rainer (Red.)
Heil – Gerechtigkeit – Wahrheit
Grundthemen des Dialogs der Religionen und der Kirchen – mehr als ein Rückblick auf "Dominus Iesus". Mit Beiträgen von Michael Brumlik, Manfred Kock u. a.
Bd. 18, Herbst 2002, ca. 180 S., ca. 15,90 €, br., ISBN 3-8258-5588-0

Theologie: Forschung und Wissenschaft

Ulrich Lüke
Mensch – Natur – Gott
Naturwissenschaftliche Beiträge und theologische Erträge
Bd. 1, Herbst 2002, ca. 184 S., ca. 17,90 €, br., ISBN 3-8258-6006-x

Wolfgang W. Müller
Gnade in Welt
Eine symboltheologische Sakramentenskizze
Bd. 2, Herbst 2002, ca. 168 S., ca. 17,90 €, br., ISBN 3-8258-6218-6

Gabriel Alexiev
Definition des Christentums
Ansätze für eine neue Synthese zwischen Naturwissenschaft und systematischer Theologie
Eine wesentliche Führungsgröße im zwischenmenschlichen Gespräch ist die Eindeutigkeit der einschlägigen Begrifflichkeit, die erfahrungsgemäß durch möglichst klare und gültige Begriffsbestimmungen, also durch „Definitionen", zustande kommt.
Die vorliegende Arbeit bemüht sich unter Absehen konfessioneller Eigenheiten, wohl aber unter Einbezug naturwissenschaftlicher Ergebnisse (besonders der Biologie) um die Erarbeitung einer möglichst gültigen und klaren „Definition des Christentums".
Bd. 3, 2002, 112 S., 17,90 €, br., ISBN 3-8258-5896-0

Günther Schulz; Gisela A. Schröder; Timm C. Richter
Bolschewistische Herrschaft und Orthodoxe Kirche in Rußland
Das Landeskonzil 1917/1918
Bd. 4, Herbst 2002, ca. 904 S., ca. 79,90 €, gb., ISBN 3-8258-6286-0

Münstersche Theologische Vorträge

Jan Assmann
Fünf Stufen auf dem Wege zum Kanon
Tradition und Schriftkultur im frühen Judentum und in seiner Umwelt. Vortrag anläßlich der Promotion zum D. theol. ehrenhalber vor der Evangelisch-Theologischen Fakultät der Westfälischen Wilhelms-Universität Münster am 12. Januar 1998. Mit einer Laudatio von H.-P. Müller
Bd. 1, 1999, 48 S., 10,90 €, br., ISBN 3-8258-4239-8

LIT Verlag Münster – Hamburg – Berlin – London
Grevener Str. 179 48159 Münster
Tel.: 0251 – 23 50 91 – Fax: 0251 – 23 19 72
e-Mail: vertrieb@lit-verlag.de – http://www.lit-verlag.de
Preise: unv. PE

Hans-Richard Reuter (Hg.)
Übergang: 45 Jahre Institut für Christliche Gesellschaftswissenschaften
Mit Beiträgen von M. Beintker, W. Marhold, T. Meireis, H.-R. Reuter und Th. Strohm
Mit dem 45jährigen Bestehen des Instituts für Christliche Gesellschaftswissenschaften (ICG) an der Universität Münster verband sich das Gedenken an den 100. Geburtstag seines ersten Direktors, Heinz-Dietrich Wendland, und die Übernahme der Institutsleitung durch den Herausgeber. Dieses Heft enthält die Reden beim Festakt zu Ehren des Institutsgründers sowie weitere Beiträge aus dem ICG.
Bd. 2, 2001, 120 S., 12,90 €, br., ISBN 3-8258-5380-2

Gisela Muschiol
Auf der Suche nach der Päpstin
Funktion und Fiktion eines 'historischen' Romans aus Sicht kontextueller Kirchengeschichte
Bd. 3, Herbst 2002, ca. 88 S., ca. 12,90 €, br., ISBN 3-8258-5506-6

Altes Testament und Moderne

hrsg. von Hans-Peter Müller (Münster), Michael Welker (Heidelberg) und Erich Zenger (Münster)

Hans-Peter Müller
Glauben, Denken und Hoffen
Alttestamentliche Botschaften in den Auseinandersetzungen unserer Zeit
Bd. 1, 1998, 336 S., 30,90 €, br., ISBN 3-8258-3331-3

Sigrid Brandt
Opfer als Gedächtnis
Auf dem Weg zu einer befreienden theologischen Rede von Opfer
Im Unterschied zu einer weitverbreiteten leib- und lebensfeindlichen Rezeption biblischer Opfervorstellungen versucht die vorliegende Studie zu zeigen, daß biblische Rede von Opfer und besonders die Rede vom Opfer Jesu Christi auf die "Erhebung" leiblicher Existenz zu einem lebendigen Gedächtnis des Namens Gottes zielt.
Bd. 2, 2001, 520 S., 40,90 €, br., ISBN 3-8258-4068-9

Bernd Brauer
Das Bild der Unheilsprophetie Israels in der frühen soziologisch orientierten Forschung
Bd. 3, 1999, 400 S., 30,90 €, br., ISBN 3-8258-3330-5

Stefan Ark Nitsche
David gegen Goliath
Die Geschichte der Geschichten einer Geschichte. Zur fächerübergreifenden Rezeption einer biblischen Story
Bd. 4, 1998, 368 S., 35,90 €, br., ISBN 3-8258-3093-4

Petra Ritter-Müller
Kennst du die Welt? – Gottes Antwort an Ijob
Eine sprachwissenschaftliche und exegetische Studie zur ersten Gottesrede Ijob 38 und 39
Bd. 5, 1999, 312 S., 35,90 €, br., ISBN 3-8258-4268-1

Claus Westermann
Der Mensch im Alten Testament
Mit einer Einführung von Hans-Peter Müller
C. Westermann legt in einer Reihe von Aufsätzen aus dem Jahr 1999, die in diesem Band aus Anlass seines 90. Geburtstags erstmals veröffentlicht werden, Rechenschaft ab über das Denken seiner späten Jahre. Sie sind zugleich noch einmal Summen seiner Lebensarbeit, in die H.-P. Müller eine Einführung gibt. Die Titel der Beiträge lauten: *Der Mensch im Alten Testament – Der Mensch in seiner Geschichte – Geschehenes und Gedachtes im Alten Testament – Der Gruß im Alten Testament – Was war das Motiv des 'Predigers' (Kohelets)?*
Bd. 6, 2000, 128 S., 15,90 €, br., ISBN 3-8258-4587-7

Gundula van den Berg
Gebrochene Variationen
Beobachtungen und Überlegungen zu Figuren der Hebräischen Bibel in der Rezeption von Elie Wiesel
Die Studie zum Werk des Holokaustüberlebenden und Schriftstellers Elie Wiesel befaßt sich mit der Nachzeichnung der Weise, in der in seinen Texten Figuren der Hebräischen Bibel und deren Lektüregeschichte (u. a. Isaak, Elia, Mose, Hiob, Ester und Satan) eine Rolle spielen, und zwar als biblische und gegenwärtige Personen. Als Figuren des jüdischen Erzählers tragen sie mit sich ihre Herkunft aus der Bibel, ihren Weg durch Midrasch und Talmud, sowie ihre Wanderungen durch weitere Erfahrungen jüdischen Lebens. Vor allem kennzeichnet sie der Bruch, der durch den Holokaust geschehen ist und der jede Tradition nur als gebrochene weiter erzählbar sein läßt. In immer neuen Konstellationen erzählt Wiesel immer dieselbe Geschichte als Geschichte von Tradition und Bruch, Kontinuität und Abbruch, Erinnerung und Verlust. Durch die Sichtbarmachung dieser Struktur liefert das vorliegende Buch einen Beitrag zum Verständnis von jüdischer literarisch-theologischer Existenz in Folge des Holokaust.
Bd. 7, 2001, 312 S., 20,90 €, br., ISBN 3-8258-5377-2

Manfred Oeming; Konrad Schmid; Michael Welker (Hg.)
Einführungsband: Das Alte Testament und die Kultur der Moderne

L IT Verlag Münster – Hamburg – Berlin – London
Grevener Str. 179 48159 Münster
Tel.: 0251 – 23 50 91 – Fax: 0251 – 23 19 72
e-Mail: vertrieb@lit-verlag.de – http://www.lit-verlag.de

Preise: unv. PE

Bd. 8, Herbst 2002, ca. 248 S., ca. 25,90 €, br.,
ISBN 3-8258-5455-8

Rainer Albertz; Othmar Keel;
Klaus Koch (Hg.)
Theologie in Israel und in den Nachbarkulturen
Bd. 9, Herbst 2002, ca. 300 S., ca. 30,90 €, br.,
ISBN 3-8258-5456-6

Erhard Blum; William Johnstone;
Christoph Markschies (Hg.)
Das Alte Testament – ein Geschichtsbuch?
Bd. 10, Herbst 2002, ca. 300 S., ca. 30,90 €, br.,
ISBN 3-8258-5457-4

Irmtraud Fischer; Konrad Schmid;
Hugh G. M. Williamson (Hg.)
Prophetie in Israel
Bd. 11, Herbst 2002, ca. 300 S., ca. 30,90 €, br.,
ISBN 3-8258-5458-2

David J. A. Clines; Hermann Lichtenberger;
Hans-Peter Müller (Hg.)
Weisheit in Israel
Bd. 12, Herbst 2002, ca. 300 S., ca. 30,90 €, br.,
ISBN 3-8258-5459-0

Bernard M. Levinson; Eckart Otto;
Carolyn Pressler (Hg.)
Recht und Ethik im Alten Testament
Bd. 13, Herbst 2002, ca. 300 S., ca. 30,90 €, br.,
ISBN 3-8258-5460-4

Paul Hanson; Bernd Janowski;
Michael Welker (Hg.)
Biblische Theologie
Bd. 14, Herbst 2002, ca. 300 S., ca. 30,90 €, br.,
ISBN 3-8258-5461-2

John Barton; J. Cheryl Exum;
Manfred Oeming (Hg.)
Das Alte Testament und die Kunst
Bd. 15, Herbst 2002, ca. 300 S., ca. 30,90 €, br.,
ISBN 3-8258-5462-0

Wallace J. Alston; Hans-Joachim Eckstein;
Christian Möller (Hg.)
Die Predigt des Alten Testaments
Bd. 16, Herbst 2002, ca. 300 S., ca. 30,90 €, br.,
ISBN 3-8258-5463-9

Andreas Schüle
Israels Sohn – Jahwes Prophet
Ein Versuch zum Verhältnis von kanonischer Theologie und Religionsgeschichte anhand der Bileam-Perikope (Num 22-24)
Im Blick auf die literarische wie theologische Formung der Tora zählt die Bileam-Perikope aus zwei Gründen zu deren signifikanten Texten: Sie gibt zum einen (im Vergleich mit der Inschrift vom Tell Deir Alla) Aufschluß über das Verhältnis von "religiöser Tradition" und "kanonischem Text". Zum anderen erlaubt sie Einblicke in den Kanonisierungsprozeß selbst; für Themen wie Israel als erwähltes Volk unter Völkern, den Monotheismus und die messianischen Hoffnungen des Judentums um den zweiten Tempel verarbeitet und verknüpft Num 22-24 eigenständig Positionen, die alttestamentlich aus dem Deuteronomium, der Priesterschrift sowie aus Deutero- und Tritojesaja bekannt sind.
Bd. 17, 2001, 344 S., 30,90 €, br., ISBN 3-8258-5590-2

Exegese in unserer Zeit
Kontextuelle Bibelinterpretationen aus lateinamerikanischer und feministischer Sicht
hrsg. von Wanda Deifelt (São Leopoldo/Brasilien), Irmtraud Fischer (Bonn/Deutschland), Erhard S. Gerstenberger (Marburg/Deutschland), Milton Schwantes (São Bernardo do Campo/Brasilien)

Erhard S. Gerstenberger;
Ulrich Schoenborn (Hrsg.)
Hermeneutik – sozialgeschichtlich
Kontextualität in den Bibelwissenschaften aus der Sicht (latein)amerikanischer und europäischer Exegetinnen und Exegeten
Bd. 1, 1999, 264 S., 20,90 €, br., ISBN 3-8258-3139-6

Michael Fricke
Bibelauslegung in Nicaragua
Jorge Pixley im Spannungsfeld von Befreiungstheologie, historisch-kritischer Exegese und baptistischer Tradition
Bd. 2, 1997, 378 S., 25,90 €, br., ISBN 3-8258-3140-x

Rainer Kessler; Kerstin Ulrich;
Milton Schwantes; Gary Stansell (Hg.)
"Ihr Völker alle, klatscht in die Hände!"
Festschrift für Erhard S. Gerstenberger zum 65. Geburtstag
Bd. 3, 1997, 428 S., 35,90 €, br., ISBN 3-8258-2937-5

Erhard S. Gerstenberger
Frauenrollen – Männerrollen
Gender-studies im Alten Testament
Bd. 4, Herbst 2002, ca. 240 S., ca. 20,90 €, br.,
ISBN 3-8258-3142-6

Wanda Deifelt
Feministische Theologie in den USA und in Lateinamerika
Bd. 5, Herbst 2002, ca. 200 S., ca. 20,90 €, br.,
ISBN 3-8258-3143-4

LIT Verlag Münster – Hamburg – Berlin – London
Grevener Str. 179 48159 Münster
Tel.: 0251 – 23 50 91 – Fax: 0251 – 23 19 72
e-Mail: vertrieb@lit-verlag.de – http://www.lit-verlag.de
Preise: unv. PE

Helen Schüngel-Straumann
Die Frau am Anfang
Eva und die Folgen
Bd. 6, 3. Aufl. 1999, 160 S., 15,90 €, br.,
ISBN 3-8258-3525-1

Christina Spaller
"Die Geschichte des Buches ist die Geschichte seiner Auslöschung..."
Die Lektüre von Koh 1,3-11 in vier ausgewählten Kommentaren
Das vorliegende Buch analysiert vier Kommentare in ihrem Verhältnis zu Kon 1,3-11 und versucht eine Erklärung zu geben, wie im Ringen um Eindeutigkeit eine Vielfalt an Auslegungen entsteht, die einander widersprechen oder ergänzen. In den Auslegungen findet eine Vervielfältigung des Ausgangstextes statt, welche im Begriff einer *Auslöschung* thematisiert wird. Es handelt sich um eine Auslöschung durch Hinzufügung von Sinn. Das Entstehen neuer Texte wurzelt in der Mehrdeutigkeit der Sprache und der Zeitbedingtheit des Verstehens. Ihnen kommt, wie aus dem Koh-Text, gesellschaftspolitische Relevanz zu.
Bd. 7, 2001, 320 S., 25,90 €, br., ISBN 3-8258-5395-0

Helen Schüngel-Straumann
Anfänge feministischer Exegese
Gesammelte Beiträge, mit einem orientierenden Nachwort und einer Auswahlbibliographie
Nach einem Vierteljahrhundert feministischer Theologie werden hier aus den Anfängen feministischer Exegese in Deutschland ca. 20 Beiträge nachgedruckt, die überwiegend sehr zerstreut erschienen und z. T. nicht mehr zugänglich sind. Darunter sind „Klassiker" wie der Aufsatz über Tamar oder „Gott als Mutter in Hosea 11" sowie Vorarbeiten zu späteren Büchern wie „Die Frau am Anfang. Eva und die Folgen" oder „Rûah bewegt die Welt. Gottes schöpferische Lebenskraft in der Krisenzeit des Exils" u. a.
Mit einer Bibliographie der Autorin und mit einem Nachwort werden Bezüge zur heutigen Situation hergestellt. Feministische Theologie hat sich in den letzten Jahren nicht nur rasant weiter entwickelt, sondern auch verändert.
Bd. 8, Herbst 2002, ca. 320 S., ca. 20,90 €, br.,
ISBN 3-8258-5753-0

Susanne Gorges-Braunwarth
"Frauenbilder – Weisheitsbilder – Gottesbilder" in Spr 1-9
Die personifizierte Weisheit im Gottesbild der nachexilischen Zeit
Das vorliegende Buch widmet sich den Beziehungen von Frauen-, Weisheits- und Gottesbildern in Spr 1-9. Als "erzählende Bildbeschreibung" wird die schillernde Metaphorik der "Frau Weisheit" mit der sozialen Lebenswirklichkeit von Frauen in nachexilischer Zeit konfrontiert. Die personifizierte Weisheit, die gegenüber biblischen Frauenbildern provozierend und integrierend wirkt, verbindet menschliches und göttliches gleichermaßen. Aus bibeltheologischer Perspektive wird nach ihrer Einordnung ins religiöse Symbolsystem und in die neuere Monotheismusdebatte gefragt.
Bd. 9, 2002, 480 S., 25,90 €, br., ISBN 3-8258-5782-4

Regula Grünenfelder
Frauen an den Krisenherden
Eine rhetorisch-politische Deutung des Bellum Judaicum
Bd. 10, Herbst 2002, ca. 320 S., ca. 25,90 €, br.,
ISBN 3-8258-5978-9

Graciela Chamorro
Auf dem Weg zur Vollkommenheit
Theologie des Wortes unter den Guaraní in Südamerika
Bd. 11, Herbst 2002, ca. 304 S., ca. 24,90 €, br.,
ISBN 3-8258-6278-x

Theologie interaktiv
hrsg. von Prof. Dr. Ulrich Nembach (Universität Göttingen)

Gertrud Iversen
Epistolarität und Heilsgeschichte
Eine rezeptionsästhetische Auslegung des Römerbriefs
Bd. 2, Herbst 2002, ca. 256 S., ca. 25,90 €, br.,
ISBN 3-8258-4928-7

Axel Makowski
Diakonie als im Reich Gottes begründete Praxis unbedingter Liebe
Studien zum Diokonieverständnis bei Gerhard Uhlhorn
Eine umfassende Reflexion helfenden Handelns aus christlichen Motiven hat Gerhard Uhlhorn (1826-1901) geleistet. Der hannoversche Kirchenmann stützte sich hierbei auf die Gedanken der Liebe und des Reiches Gottes. Mit ihrer Hilfe gelangte er in verschiedenen Bereichen ("Verhältnis zwischen Gebenden und Empfangenden", "verfaßte Kirche und freie Vereine", "Soziale Frage")

LIT Verlag Münster – Hamburg – Berlin – London
Grevener Str. 179 48159 Münster
Tel.: 0251 – 23 50 91 – Fax: 0251 – 23 19 72
e-Mail: vertrieb@lit-verlag.de – http://www.lit-verlag.de
Preise: unv. PE

zu überraschenden Ergebnissen und praktischen Anregungen (Gleichwertigkeit, Personalunion, Gewissensschärfung). So gibt dieses Buch nicht nur einen Einblick in die Geschichte der Praktischen Theologie in Niedersachsen, sondern möchte einen Beitrag zur theologischen Grundlegung von Diakonie liefern.
Bd. 3, 2001, 184 S., 20,90 €, br., ISBN 3-8258-4999-6

Theologie und Praxis
hrsg. von Prof. Dr. Giancarlo Collet (Münster),
Prof. Dr. Norbert Mette (Dortmund),
Prof. Dr. Udo Fr. Schmälzle (Münster)
und Prof. DDr. Hermann Steinkamp (Münster)

Martin Friedrich Schomaker
Die Bedeutung der Familie in katechetischen Lernprozessen von Kindern
Eine inhaltsanalytische Untersuchung von Konzepten zur Hinführung der Kinder zu den Sakramenten der Beichte und der Eucharistie
Bd. 2, 2002, 444 S., 30,90 €, br., ISBN 3-8258-3682-7

Peter Hahnen
Das 'Neue Geistliche Lied' als zeitgenössische Komponente christlicher Spiritualität
Bd. 3, 1998, 504 S., 25,90 €, br., ISBN 3-8258-3679-7

Michael Schäfers
Prophetische Kraft der kirchlichen Soziallehre?
Armut, Arbeit, Eigentum und Wirtschaftskritik
Bd. 4, 1998, 616 S., 35,90 €, br., ISBN 3-8258-3887-0

Franz Marcus
Kirche und Gewalt in Peru
Befreiende Pastoral am Beispiel eines Elendsviertels in Lima. Mit einem Vorwort von Gustavo Gutiérrez
Bd. 5, 1998, 480 S., 30,90 €, br., ISBN 3-8258-3958-3

Norbert Mette; Ludger Weckel; Andreas Wintels (Hg.)
Brücken und Gräben
Sozialpastorale Impulse und Initiativen im Spannungsfeld von Gemeinde und Politik
Bd. 6, 1999, 224 S., 20,90 €, br., ISBN 3-8258-4312-2

Christoph Hutter
Psychodrama als experimentelle Theologie
Rekonstruktion der therapeutischen Philosophie Morenos aus praktisch-theologischer Perspektive
Bd. 7, 2000, 416 S., 30,90 €, br., ISBN 3-8258-4666-0

Monika Rack
Gregory Baum: Kritisch. Parteilich. Kontextuell.
Ein theologischer Lebensweg
Bd. 8, 2000, 224 S., 20,90 €, br., ISBN 3-8258-4812-4

John Mwangangi Kyule
Inkulturation des Christentums in Afrika angesichts des gesellschaftlichen Wandels
Bd. 9, 2000, 304 S., 20,90 €, br., ISBN 3-8258-4876-0

Gregory Baum
Konkrete Theologie – solidarisch mit "den Anderen"
Wortmeldungen eines politischen Theologen.
Übersetzt von Monika Rack
Bd. 10, Herbst 2002, ca. 298 S., ca. 20,90 €, br., ISBN 3-8258-5241-5

Martina Ahmann
Was bleibt vom menschlichen Leben unantastbar?
Kritische Analyse der Rezeption des praktisch-ethischen Entwurfs von Peter Singer aus praktisch-theologischer Perspektive
Bd. 11, 2001, 608 S., 30,90 €, br., ISBN 3-8258-5333-0

Annegret Möser
Mein Eigenes finden dürfen – im Kontakt der Generationen
... Impulse für eine neue abwertungsfreie Wahrnehmung zwischen Jung und Alt in der außerfamiliären Ehrenamtlichen Arbeit der Telefonseelsorge
Bd. 12, Herbst 2002, ca. 208 S., ca. 20,90 €, br., ISBN 3-8258-6028-0

David Regan
Why are they poor?
Helder Camara in Pastoral Perspective
Bd. 13, Herbst 2002, ca. 168 S., ca. 17,90 €, br., ISBN 3-8258-6151-1

Reinhard Feiter
Antwortendes Handeln
Praktische Theologie als kontextuelle Theologie
Bd. 14, Herbst 2002, ca. 336 S., ca. 30,90 €, br., ISBN 3-8258-6161-9

Simone Birkel
Zukunft wagen – ökologisch handeln
Grundlagen und Leitbilder kirchlich-ökologischer Bildung im Kontext nachhaltiger Entwicklung
Bd. 15, Herbst 2002, ca. 248 S., ca. 19,90 €, br., ISBN 3-8258-6265-8

LIT Verlag Münster – Hamburg – Berlin – London
Grevener Str. 179 48159 Münster
Tel.: 0251 – 23 50 91 – Fax: 0251 – 23 19 72
e-Mail: vertrieb@lit-verlag.de – http://www.lit-verlag.de
Preise: unv. PE